Consciência Democrática

CB057534

ERICK PEREIRA

Consciência Democrática

JOSÉ OLYMPIO
EDITORA

© Erick Pereira, 2008

Reservam-se os direitos desta edição à
EDITORA JOSÉ OLYMPIO LTDA.
Rua Argentina, 171 – 1º andar – São Cristóvão
20921-380 – Rio de Janeiro, RJ – República Federativa do Brasil
Tel.: (21) 2585-2060 Fax: (21) 2585-2086
Printed in Brazil / Impresso no Brasil

Atendemos pelo Reembolso Postal

ISBN 978-85-03-01001-6

Capa: ISABELLA PERROTTA / HYBRIS DESIGN

CIP-Brasil. Catalogação-na-fonte
Sindicato Nacional dos Editores de Livros, RJ.

P489c	Pereira, Erick Wilson Consciência democrática / Erick Pereira. – Rio de Janeiro: José Olympio, 2008. ISBN 978-85-03-01001-6 1. Direito - Aspectos sociais. 2. Sociologia jurídica 3. Cidadania. I. Título.
08-4807	CDU – 34:316.334.4 009555

Sumário

Apresentação 7
Prefácio 11

1. Lição de morte, lição de vida 13
2. A ignorância sobre a escravidão moderna 15
3. A reforma do Judiciário 19
4. Milícia contra malícia 23
5. Omissão e impunidade 25
6. A internalização das pesquisas 27
7. A onda da disciplina 31
8. Participe votando 35
9. Uma chaga social 37
10. Justiça Eleitoral 41
11. A doença endêmica do Brasil 45
12. A vingança da realidade 49
13. A missão do advogado 53
14. Em nome da fé 57
15. Socorro 61
16. O reverso da verdade 65
17. Lei da precipitação 69

18. A esperança de Aluízio, de todos nós 73
19. A conscientização do voto 77
20. Reforma política e participação 81
21. O Judiciário como vidraça 85
22. Traços autoritários 89
23. A "Reforma" 95
24. A mãe e o economista politicamente incorretos 99
25. O direito na economia 103
26. O cansaço de todos nós 105
27. Outras máscaras 107
28. Consciência democrática 109

Apresentação

Diógenes da Cunha Lima*

Manifesto a minha alegria em apresentar um trabalho de um colega advogado, profissão que exerço há quarenta anos, com a mesma emoção dos primeiros dias. Erick herdou o talento do advogado, hoje Ministro do Superior Tribunal do Trabalho, Emmanoel Pereira. É muito nobre a profissão das pessoas legalmente habilitadas a defender em juízo os direitos dos litigantes, aconselhar e auxiliar, para a exata aplicação das normas jurídicas.

Advocatus, advogado, é o que se chama em auxílio, *in auxilium vocatus*. Na Grécia, era mais que uma profissão, era o cumprimento de um dever.

Foi o imperador Justino, tio de Justiniano, que deu qualificação ao conjunto de advogados, designando-o de "Ordo". Seria a primeira Ordem de Advogados. Sucedendo-o como imperador, Justiniano (482-565) deu codificação ao Direito Romano, em pessoa presidindo os juristas, para fazer o *Corpus Iuris Civilis*. Os advogados atingem aí posição de destaque, pois: "Os advogados fazem reviver os direitos dos caídos e sustentam os direitos abalados. São úteis ao império como os guerreiros."

---

*Presidente da Academia Norte-riograndense de Letras

A Revolução Francesa suprimiu a Ordem, mas por pouco tempo. Logo em 1810, Napoleão a restabelece com a sua mais alta destinação: "Como uma das mais adequadas a manter a propriedade, a delicadeza, o desinteresse, o espírito de conciliação, o amor da verdade e da justiça e o zelo esclarecido em relação aos fracos e oprimidos."

Erick tem conhecimento técnico e a artesania da palavra para o exercício da nobre profissão. Para ser um protegido de Santo Ivo (1253-1303), o padroeiro da classe.

Este é o terceiro livro desse jovem jurista, bacharel em direito pela Universidade Federal do Rio Grande do Norte, mestre e doutorando em Direito Constitucional pela PUC/SP, com especialização em Direito do Trabalho e Criminologia pela UFRN, lecionando atualmente na Escola da Magistratura do Rio Grande do Norte — ESMARN.

Em *Artigos: Lições de uma campanha,* reúne seus principais estudos publicados durante a campanha da OAB/RN do ano de 2003. Em *O controle jurisdicional do abuso de poder no processo eleitoral* procura encontrar soluções para o avanço do processo eleitoral no Brasil.

Afirmo, por saber que em decorrência de suas qualidades como pesquisador e expositor, aliados a estudo e à cultura, que o advogado Erick Pereira levanta questionamentos atuais e importantes vivenciados no mundo jurídico e social.

São vinte e oito artigos publicados em jornais de grande circulação, em que analisa — de forma clara, transparente e objetiva — os mais importantes e variados temas jurídicos e sociais da atualidade. Em cada artigo, constata-se a preocupação incessante de levar aos diversos tipos de leitores a melhor informação e reflexão sobre o nosso dia a dia.

Temas polêmicos e atuais são tratados com cuidado para que, a partir da sua leitura, o leitor possa construir a sua própria visão crítica e posicionamento. Erick, sempre advogado, deseja e consegue despertar no leitor a consciência do justo, do correto, da cidadania.

Parabenizo o leitor e o nobre colega pela busca da construção de um mundo melhor por meio da cultura e da justiça.

Prefácio

Ives Gandra da Silva Martins*

Li, com proveito e satisfação, os trabalhos de Erick Pereira sobre variada temática e aspectos conjunturais da crise brasileira, em face da elegância de seu estilo, adequado tratamento da matéria, contundência nas conclusões e justas motivações.

Apesar de divergir de um ou outro ponto — na questão do aborto, por exemplo, sou um intransigente defensor da vida, não admitindo, em nenhuma hipótese, por conveniência social ou outro motivo, que um ser humano, mesmo na forma embrionária, seja sacrificado —, reconheço no autor indiscutível talento de ensaísta.

Coletanear tais estudos num livro, permitindo que seus leitores tenham um conjunto harmônico de trabalhos à disposição, parece-me excelente idéia, com o quê facilitará a seus admiradores uma leitura contínua e compactada do livro que tenho a honra de prefaciar.

Erick, como percebi por seus ensaios, é um pensador moderno. Um bom pensador moderno. Mas não um pensador voltado a tertúlias acadêmicas, de alto teor indagativo e de

---

*Professor Emérito da Universidade Mackenzie e da ESG, Presidente Honorário da Academia Internacional de Direito e Economia e Presidente da Academia Paulista de Letras (2005-2006)

pouca aplicabilidade. É, ao contrário, um pensador que pretende ver suas idéias discutidas e implantadas. Neste aspecto reside o mérito maior de sua obra, visto que se transforma num permanente batalhador, objetivando a construção de um Brasil melhor. Não sem razão, muitos de seus artigos são dedicados às questões eleitorais e políticas, insurgindo-se contra os caminhos trilhados e contra os hábitos dos detentores do poder no Brasil.

É, pois, com a esperança de que o livro faça a carreira editorial que merece, que o prefacio, na certeza que seus leitores apreciem, da mesma forma que eu, os bem escritos ensaios de Erick Pereira.

CAPÍTULO 1

LIÇÃO DE MORTE, LIÇÃO DE VIDA

Desde a separação corpo e alma empreendida por Descartes, a nossa cultura ocidental, já eivada de dicotomias, tem supervalorizado os meios que evitam a dor e o sofrimento, entronizando a negação da morte. Os enormes avanços tecnológicos dos últimos anos têm reforçado ainda mais tal fenômeno. A dor, antes concebida como experiência da alma, presente na totalidade do corpo, dotada de significado cósmico e mítico, passou a ter sentido técnico, passível de controle, monopólio de máquinas e drogas.

A civilização moderna privilegiada pelo raciocínio analítico-científico tem, na sua vertente mais radical, enfim, desumanizado o processo de morrer, despersonalizado os pacientes e medicalizado a vida muito além de limites naturais aceitáveis. Diariamente, somos espectadores de situações nas quais se vegeta sem poder sentir dor, perdendo-se o direito de presidir o próprio ato de morrer pela retirada do significado íntimo e pessoal do sofrimento.

Diariamente, somos instigados a optar em face de certos paradoxos que mobilizam uma perplexidade existencial, tamanhas as incertezas, os questionamentos. Envolvemo-nos nas discussões religiosas e éticas de casos notórios de eutanásia. Esquecemo-nos do fenômeno da distanásia, ou seja, a morte dolorosa e protelada, artificialmente prolongada, para muito além dos limites naturais de um processo de morrer digno. Este, sim, fenômeno que nos circunda diuturnamente, e que extrai dos pacientes as características de humanidade. Quando estávamos descrentes acerca da possibilidade de grandes exemplos de morte natural, humanizada, compartilhada com entes queridos, ou dotada de significado no seu adeus, surge-nos a comovente partida de João Paulo II. Paradigma de um término de existência regulado pela liberdade, o adeus do papa foi a mais viva lição de humanidade de que se tem notícia nos últimos pontificados. Uma grande lição de cristianismo paradoxalmente expressa no rosto mortificado pela dor e na impossibilidade de articular a última bênção, realizada com o gesto do sinal-da-cruz.

Na sua vida laica, Karol Wojtyla foi exemplo de fortaleza de caráter, solidariedade, coragem e tolerância em face de significativas perdas e grande sofrimento. Quando papa, surpreendeu o mundo com suas viagens de cunho missionário, suas posições conservadoras e nem sempre consentâneas aos desejos de muitos dos seus fiéis, embora admiráveis pela coragem e firmeza. Sucessor de São Pedro, não se limitou aos discursos e pregações — sua vida e sua morte foram exemplos de um Cristo ainda possível neste mundo vulgarizado e amoral.

Há quatro séculos, um cético filósofo renascentista, de pensamento muito à frente de seu tempo, deixou-nos ensinamento que bem podemos aplicar ao último legado do papa polonês. Montaigne observou que se fosse um fabricante de livros, faria um registro comentado das diversas mortes, pois "quem ensinasse os homens a morrer, ensiná-los-ia a viver". Ninguém duvida de que João Paulo II nos confiou uma bela e inesquecível lição de vida e liberdade, ensinando-nos a morrer.

Diário de Natal, RN, 7/4/2005

CAPÍTULO 2

A IGNORÂNCIA SOBRE A ESCRAVIDÃO MODERNA

No dia 4 passado, a Ribeira foi palco de um exemplo de cidadania: vários sindicatos de trabalhadores se uniram e convidaram a população para participar de uma missa e ato público, em frente ao prédio da DRT/RN, em repúdio ao assassinato dos quatro servidores públicos ocorrido em 28 de janeiro no interior de Minas Gerais.

Apesar de vivermos época de aparente imobilismo social, o crime chocou os brasileiros, propiciou manifestações de indignação de diversas autoridades e setores da sociedade constituída, atraiu a atenção para um problema que, apesar de ser alvo de inúmeras denúncias, ainda carece de um corpo organizado de estratégias governamentais para combatê-lo.

A exemplo de tantas mazelas do nosso país, o grave problema do trabalho escravo que grassa a nossa volta só irrompeu nas manchetes jornalísticas e nas nossas mentes em face de uma tragédia — episódio que tingiu de rubro não apenas as vítimas e seus familiares, mas também o Estado brasileiro.

O sociólogo norte-americano Kevin Bales, considerado atualmente a maior autoridade mundial em escravidão contemporânea, estimou em recente pronunciamento a existência de até 200 mil pessoas em situação de trabalho escravo no país, e de 27 milhões em todo o mundo.

O que mais surpreende nas conclusões de Bales acerca do problema no nosso país é a ênfase na liberdade individual em face da falta de suporte cultural para a escravidão, diferentemente do que ocorre em países do Velho Mundo, como a Índia e a Tailândia. As enormes áreas de fronteira, o imenso território, as diferenças econômicas, as abissais distorções na distribuição de renda, os índices crescentes de desemprego e a falta de investimento nas pessoas convergem para a existência do trabalho escravo e a violência em face das tentativas de exterminá-lo.

A escravidão onerosa do negro no passado cedeu espaço para a escravidão gratuita do excluído socioeconomicamente, do honesto, em situação de sustento desesperadora, e ardilosamente atraído mediante promessa de emprego feita por pessoas vis e inescrupulosas que, assim, passam a dispor não apenas da exploração do trabalho do escravo, mas também de sua liberdade e até da sua vida. A desvalorização da pessoa humana, a cobiça sem limites, a crença na impunidade e a carência ou omissão dos laços inerentes ao Estado de direito resultam na persistência do problema e nas mortes de milhares de escravos anônimos em rincões das mais diferentes regiões do país, especialmente no Norte e Centro-Oeste.

Inúmeras medidas têm sido propostas, embora apenas algumas já tenham sido timidamente concretizadas. Entre as sugestões, destacam-se: a criação de uma força-tarefa nacional contra a escravidão; a reformulação de leis que permitam punição rigorosa para os escravizadores e o confisco de suas terras; o aumento de equipes de fiscalização; o seguimento do fluxo financeiro envolvendo beneficiários do trabalho escravo; a provisão de recursos para a erradicação do problema e a sua prevenção por meio da educação pública.

A Justiça do Trabalho há muito tem chamado a atenção do governo para a gravidade do problema, contribuindo com estudos e sugestões para saná-lo. Por seu turno, o papel da imprensa tem sido elogiável no sentido de informar a respeito desta ferida social e de mobilizar o potencial de indignação peculiar às ações de cidadania. Uma indignação que deve ser estimulada pelas mais diversas instâncias de forma a redundar em pressões e estudos para que ações concretas governamentais uniformizem o alcance do Estado de direito no país mediante a erradicação do trabalho escravo. Afinal, a omissão e a ignorância acerca da escravidão estão na base de sua permanência. Como bem observou Bales, "nossa ignorância sobre a escravidão moderna encoraja os escravizadores. Essa ignorância é tanto da opinião pública quanto dos governos".

Tribuna do Norte, RN, 6/2/2004

CAPÍTULO 3

A REFORMA DO JUDICIÁRIO

Há meses estamos a assistir ao espetáculo das reformas, às saídas de cena de algumas delas, à apoteose de poucas e à resistência de umas tantas. O país persiste na sua obsessão pelo reformismo. A reforma do Judiciário se enquadra em mais uma delas, e os seus pontos de discussão que chegam até a sociedade, ainda graças ao trabalho da imprensa escrita e televisiva, estão resumidos somente a três: a adoção da súmula com efeito vinculante, a quarentena para os magistrados e o controle externo do Poder Judiciário.

Nos sites e publicações jornalísticas, para quem ainda tem acesso, pode-se observar que há pouco consenso entre os personagens mais atuantes nas discussões tecidas em torno da reforma do Judiciário, contida em Proposta de Emenda Constitucional (PEC n. 96) e a se arrastar pelos labirintos e conciliábulos do Congresso Nacional desde o longínquo 92. E isso por um motivo muito simples: o que se discute não são os benefícios para o cidadão, mas, principalmente, os interesses corporativos das classes dominantes do Judiciário Brasileiro, em que é travada uma luta incessante e barulhenta, a supor a existência de interesses inconfessáveis, para garantia e manutenção de poder e permanência de privilégios em detrimento de valores como acesso à Justiça e melhor prestação jurisdicional.

A Associação dos Magistrados Brasileiros, quando se posicionou mediante seu presidente, Cláudio Baldino Maciel, defendeu a manutenção da quarentena, constante no art. 101 do texto já aprovado pela Comissão de Justiça do Senado; a súmula impeditiva de recurso, como alternativa à súmula vinculante. E a sua posição é totalmente contrária quanto ao controle externo no Conselho Nacional de Justiça.

Por seu turno, o Presidente do Superior Tribunal de Justiça parece ter dirigido seu foco de preocupações para outros aspectos, também corporativos, como a defesa da preservação do sigilo dos processos contra juízes e a volta da avocatória, instrumento muito usado no regime militar para concentrar o poder de decisão na cúpula do Judiciário. Mas não deixou de externar sua defesa da composição exclusiva de magistrados no Conselho Nacional de Justiça, além da necessidade de adoção da súmula vinculante apenas para o STJ e o TST.

Para aumentar o caldo heterogêneo de opiniões de viés corporativo, vem o presidente nacional da OAB, Roberto Busato, apoiar integralmente a proposta de controle externo do Judiciário, sendo inclusive a favor da autonomia do futuro Conselho Nacional de Justiça, para determinar a perda de cargo de juízes que cometerem atos de imoralidade, depois que a sentença condenatória tiver transitado em julgado. E da sua tese comunga o Governo Federal, através do Ministro da Justiça, Márcio Thomaz Bastos, o qual também insiste na sua posição contrária à adoção da súmula vinculante e favorável ao controle externo.

Mas e a base do Judiciário, primeiro contato do cidadão com a idéia de justiça, receberá quais melhoras com essa reforma que ora se discute? O acesso à Justiça e a melhor prestação jurisdicional avançarão em quê? Como se processa a discussão sobre nepotismo, competência para julgamento dos crimes contra os direitos humanos (p. ex.: o trabalho escravo), a democratização do Poder Judiciário, a celeridade na solução dos litígios, os prazos processuais, o acesso do cidadão ao próprio magistrado... e tantos outros temas ligados ao exercício da cidadania e à garantia dos direitos sociais?

O que se vê é uma congregação de vozes corporativas, ora dissonantes ora concordes, num coro cujos sons mais audíveis exaltam questiúnculas eminentemente de interesse exclusivo de determinada classe, a produzir uma sensação incômoda de que se está a privilegiar o acessório em detrimento do principal. Tratando-se de uma "reforma" de um dos Poderes, inserido num Estado Democrático de Direito, ou como dizem os doutrinadores contemporâneos, Estado Social de Direito, presume-se que seu objetivo maior deveria residir na esfera social, nos benefícios para a população que busca, sobretudo, justiça célere e mais acessível.

Ao povo, mais uma vez, foi concedida participação que lhe permite uma visão tão clara quanto à da cordilheira em dia de tempestade. Tal omissão só cristaliza a idéia de Justiça indolente, modorrenta, acessível para muito poucos, injusta ou tardia para muitos. Entretanto, o que mais chama a atenção é o fato de esta exclusão estar acompanhada da resignação, da aparente carência absoluta de juízo crítico acerca da matéria, da apatia em face dos grandes temas nacionais.

Não, não é fácil lidar com a dinâmica social. Mas a responsabilidade maior parece caber aos políticos e juristas. A propósito, Pontes de Miranda, numa de suas cáusticas e incisivas lições, ensinou que "a matéria social é plástica, como a argila e como a matéria viva, a que o selecionador impõe o aperfeiçoamento de caracteres. Mas, para preparar o barro, conseguir excelentes espécimes animais e prover o equilíbrio social com acerto, é preciso conhecer; e o que se exige do jurista ou do político é mais do que se requer aos modeladores. E no entanto — devemos confessar — há maior iniciação técnica nos que fazem louças e nos criadores do que nos incumbidos de formular leis".

Diário de Natal, RN, 25/4/2004

CAPÍTULO 4

MILÍCIA CONTRA MALÍCIA

Recentemente, uma torrente de notícias referentes ao chamado "escândalo do leite" inundou a cidade. Numa das transcrições publicadas, um dos protagonistas surge aparentemente admirado e sentindo-se "favorecido" pelo fato de um desembargador haver sentenciado "após as 19 horas". Foi o suficiente para que se começasse a especular acerca da honra daquele magistrado.

Ora, o fato de um magistrado emitir uma sentença às 19 ou às 4 horas da manhã jamais poderia ser visto como indício de favorecimento ao sentenciado. Tal fato apenas permite concluir que este profissional tem a disponibilidade de exercer seu ofício além do horário ordinário de um agente público. Essa extrapolação de horário na efetividade da aplicação da tutela jurisdicional é muito comum no direito eleitoral. Tivemos, inclusive, nas eleições passadas, a soltura de um candidato às 4 horas da madrugada, véspera da eleição.

Especulações artificiosas e maliciosas, nada obstante, conseguem toldar a verdade dos fatos, muitas vezes encoberta pela ampliação com que são tratados detalhes irrelevantes ou calcados em crenças subjetivas. A acepção de manifestações verbais, pelo seu relativismo, exige que seja examinado todo o conjunto das circunstâncias exteriorizadas, a natureza das relações existentes, de forma a não se imprimir um caráter difamatório ao elucubrado.

Os fenômenos humanos, a exemplo do discurso, só são passíveis de entendimento na dependência da integral unidade que os informam. Todos os aplicadores do direito deveriam ter isso em mente, de forma a não transformar o discurso em um jogo de significações prévias, a escamotear as fronteiras dos acontecimentos. Sem isso, arrisca-se a ferir a verdade dos fatos, a justiça e, sobretudo, a honra de pessoas íntegras.

Não é de hoje que magistrados têm sido alvo de mercadores de influência, transformados que são em moeda de troca de poder, de conversão de ascendência, sem que tomem qualquer conhecimento das tramas tecidas à sua revelia. Ao praticar com humildade seu mister, receber partes, ouvir pedidos, ou emitir sentenças no período noturno, expõem-se a ver seus atos torcidos pela maledicência e ânimos detrimentosos que, em apenas um dia, fazem ruir seus atributos pessoais arduamente construídos mediante esforços e trabalho individual que se projetam na sociedade.

É verdade que, na maioria das vezes, o discurso proferido com má intenção consegue derrotar as mentiras inventadas. É também verdade que, se nos postarmos passivos ante os erros ou mentiras assacadas contra um só, estaremos também omissos em face de uma das mais sublimes qualidades de nossa humanidade — a capacidade de indignação. Afinal, como disse B. Gracian há quase cinco séculos: "A vida do homem consiste numa milícia contra a malícia do homem."

Diário de Natal, RN, 19/5/2004

CAPÍTULO 5

OMISSÃO E IMPUNIDADE

Os crimes hediondos, antes restritos às cidades mais violentas, têm sido praticados com freqüência cada vez maior em áreas relativamente pacíficas do nosso país. Por sua vez, ações dos chamados grupos de extermínio, muitas vezes pautadas pela extorsão e seqüestro, têm-se estendido das classes menos abastadas para a classe média, e até segmentos da classe menos favorecida, em verdadeiro processo de popularização dessa anomalia associativa. Um processo que, aliás, tem sido escamoteado nas estatísticas, até porque o que nelas se discute é o fim praticado, relegando-se a gênese do fenômeno para um falso plano, no qual não faltam explicações de ordem socioeconômica. A formação desses grupos criminosos organizados é favorecida pelo comportamento freqüentemente omissivo e complacente dos aparelhos de Estado e da própria sociedade. Não sem razão, a população indefesa se apresenta temerosa das represálias geralmente anunciadas pelos criminosos e que excedem a velocidade de mobilização do aparato policial e das nossas autoridades.

Apesar da clareza normativa da Lei dos Crimes Hediondos que contém a elevação da pena e acolhe a delação premiada, por que tantos delitos desta natureza? Por que estamos a assistir a progressão deste abominável fenômeno com um nível de intolerância e indignação que parece inócuo? A omissão do Estado a manar impunidade se apresenta como a mais plausível das razões. A velha e incansável impunidade que parece haver contagiado nossas mentes e corações, levando-nos a um torpor, a uma inércia que tolhe ações pessoais, coletivas e institucionais de repúdio a fenômenos odiosos desta natureza.

Se não faltam regras suficientes ao ordenamento jurídico para se alçar a paz social, falta a simples aplicação das normas, a adoção de práticas que efetivamente coíbam esses delitos infames. A crua lógica aponta para um sério risco, se continuarmos permitindo a impunidade que ora grassa — a transmutação do nosso país numa Colômbia, onde esses tipos de crimes, particularmente o seqüestro, já fazem parte do dia-a-dia da população e constituem um dos pilares de um movimento pseudopolítico-revolucionário.

Por último, porque mais importante para a retenção na memória, resta-nos o exemplo recente de uma querida e honrada vítima desta forma de crime que, de tão abjeto, desmerece qualificação pela nossa emoção. O odioso ocorrido com o advogado, pastor, colega e, sobretudo, personalidade transcendente da humanidade média que habita na maioria de nós, JOSÉ SEGUNDO DA ROCHA, não pode ser olvidado e negligenciado na sua elucidação e na eficaz e exemplar aplicação de Justiça.

Não possuindo o atributo da infinita permanência, quando morremos, passamos a existir nos outros. Portanto, é a nós, esses outros, que cabem a obstinação e o inconformismo, ferramentas imprescindíveis para se exigir justiça e o fim da impunidade.

Diário de Natal, RN, 21/3/2005

CAPÍTULO 6

A INTERNALIZAÇÃO DAS PESQUISAS

As pesquisas têm assumido uma importância cada vez maior nas disputas eleitorais, já tendo ganhado, inclusive, *status* de principal instrumento do marketing eleitoral. Esta é a opinião compartilhada pelos principais publicitários brasileiros. Até este ponto, nada há que se contestar de um instrumento que permite estabelecer a real situação de um candidato em dado momento, ou seja, fornecer um conjunto de dados que possibilitam estabelecer melhor planejamento, programa de ações e estratégias mais objetivas de campanha. Mas como explicar, ao cidadão, resultados absolutamente díspares feitos em momentos iguais?

A questão controvertida da pertinência das pesquisas de intenção de voto no processo eleitoral surge, no entanto, quando tais instrumentos, no seu direito de informar, são manejados de forma a descuidar ou mesmo desvirtuar o direito à informação verdadeira dos eleitores. É a pesquisa eleitoral convertida em verdadeira propaganda, com divulgação maciça concentrada na informação "útil" dos resultados, a induzir o chamado "voto útil" (no candidato eleitoralmente viável) ou "voto certo" (no candidato que vai ganhar). Mais grave ainda, quando a pesquisa é transformada em publicidade enganosa a serviço de políticos desesperados, mediante institutos que se têm como idôneos. Afinal, quem está na frente das pesquisas na capital? E qual o resultado útil para o exercício da cidadania em saber esse quantitativo?

Os que não enxergam qualquer problema na divulgação das pesquisas eleitorais, caso dos institutos, ora defendem a neutralidade da pesquisa, convenientemente vista como instrumento que apenas reflete a sociedade, ora crêem que a eventual influência no eleitor é aspecto inerente e necessário ao jogo democrático. Mas há os que entendem que as pesquisas, a depender de certas circunstâncias, têm o condão de influenciar a disputa eleitoral, opinião fundada em razões técnico-metodológicas, ou em razões de cunho sociológico. Por que tanta preocupação para ocupar o primeiro lugar em detrimento de propostas e ações para o desenvolvimento da cidade?

O Tribunal Superior Eleitoral já interpretou que a liberdade conferida pela Constituição (art. 220, § 1º) é absoluta, em se tratando de informação jornalística em sede de pesquisa eleitoral. No entanto, argumentam muitos que, se a expressão da vontade do eleitorado livre de influências é o objetivo maior da escolha, melhor seria evitar comprometer outros princípios constitucionais mediante a restrição de divulgação da propaganda eleitoral travestida de pesquisa.

Lamentavelmente, não há no nosso país nenhum órgão controlador ou fiscalizador das pesquisas eleitorais, de forma que, estranhamente, cabe aos próprios institutos, lucrativas empresas privadas a serviço de quem as contrata, atestarem sua idoneidade e grau de confiabilidade em seus próprios resultados. O judiciário eleitoral, a exemplo das prestações de contas dos candidatos, analisam só o aspecto formal, meramente burocrático do registro das pesquisas.

Perfilo-me entre os defensores da posição de que as pesquisas estão a demandar restrições na sua divulgação, particularmente em face da ausência de órgão fiscalizador. No contexto do eleitorado brasileiro, não há homogeneidade do grau de instrução, bem como do acesso à informação. Estudos apontam que, quanto menos informado e instruído é o eleitor, maior é sua chance de crer na pretensão de infalibilidade das pesquisas, ou seja, há uma constatada inversão de proporção entre acesso à informação e internalização do resultado de pesquisa.

Considerando que boa parte do eleitorado brasileiro não tem acesso à informação ou tem precário grau de instrução, maior é a possibilidade de a "informação útil" ser internalizada e lhe induzir a escolha. Esta, geralmente, é pautada pela humana tendência de buscar a utilidade, de querer se dar bem a todo custo ou de maximizar os ganhos, mesmo que mediante a escolha do "menos ruim" entre os dois detentores que polarizam a maioria das intenções de voto segundo a pesquisa. Sob este ponto de vista, de caráter eminentemente sociobiológico, ganhar a qualquer custo pode até ser entendido como um processo racional. Mas votar, a exemplo de outras conquistas sociais humanas, não consiste apenas no apelo à racionalidade do ganho, mas também às motivações de ordem emocional.

Restringir, e não proibir, os resultados das pesquisas de intenção de voto, especialmente enquanto não sobrevém uma regulamentação do setor, pode significar a garantia de um mínimo de isonomia nas disputas, principalmente nas precocemente bipolarizadas eleições majoritárias. Longe de chancelar a censura, restringir o poder político e econômico que geralmente patrocina uma quantidade desmesurada de pesquisas eleitorais, preservar o eleitor do triste espetáculo de assédio que o reduz a mero objeto, a (in)consciência manipulada e fascinada por inverdades, a descaracterizar o exercício do verdadeiro papel que lhe é reservado pelo Estado democrático.

Diário de Natal, RN, 21/3/2004

CAPÍTULO 7

A ONDA DA DISCIPLINA

Nos últimos dias, os meios de comunicação brasileiros têm conseguido mobilizar opiniões, sugestões ou a simples curiosidade em torno do projeto de lei lançado pela Federação Nacional dos Jornalistas — FENAJ — e encampado pelo governo federal. Tendo como objetivo a criação do Conselho Federal de Jornalismo, pretende o projeto, entre outros objetivos, "orientar, disciplinar e fiscalizar o exercício da profissão de jornalista e da atividade jornalística".

De imediato, vozes balizadas e divergentes passaram a se fazer ouvir, advertindo para os riscos de cerceamento da liberdade de imprensa se a normatização sobrevier com essa onda disciplinar. O alvoroço chegou a ponto de alcançar o geralmente alto limiar de teimosia do governo, o qual não tem economizado esforços para convencer a FENAJ a retirar do Congresso um projeto que só tem lhe trazido desgaste, pois foi tornado público, nada obstante o projeto ser de autoria daquela federação, que o governo já meteu a colherada na sopa, através do Ministério do Trabalho e da Casa Civil. O cheiro, portanto, é de controle governamental sobre a atividade jornalística, aí incluídas as empresas jornalísticas, precisamente em momento em que o governo está a sofrer ácidas críticas provenientes até de correligionários. E a procedência de tal dedução é tamanha, que mesmo uma visão perfunctória do projeto permite antever a existência de perigosas lacunas, omissões que são deixadas para serem preenchidas pelo "Conselho Provisório". A existência de tais lacunas no projeto de lei tem forçado até a parcela de defensores da criação do Conselho a admitir que, se falta um Estatuto do Jornalismo, a proposta em exame está a exigir importantes alterações.

Muitos parecem esquecer que nos idos de 1967, em pleno período de supressão de liberdades e aviltamento dos direitos e garantias individuais e sociais, o então presidente H. Castelo Branco sancionou a Lei 5.250, a famigerada Lei de Imprensa, a qual, até hoje, regula a liberdade de manifestação do pensamento e de informações. Dois anos depois, surgiu o Decreto-Lei 972, o qual dispõe sobre o exercício da profissão de jornalista. As leis em questão, por seu rigor normativo, não guardam quaisquer precedentes com normas sequer impostas ao exercício de outras profissões. Por demandarem atualizações e reparos, muitas vezes cobrados pela própria categoria, não se entendem as razões de a FENAJ não se empenhar em fazê-los.

Não é mediante exemplos de crimes de imprensa, recentemente vindos à tona, que se justifica pretensa e arbitrária onda moralizadora do exercício de uma profissão tão curial para a preservação do Estado democrático. Assim como não é mediante a detecção de erros médicos ou litigância temerosa de advogados que se pretende "fiscalizar" ou controlar o exercício destas profissões.

Na ótica de quem considera não apenas o fato, mas o contexto no qual ele se insere, não é desprezível a pergunta: a quem ou a serviço de quem interessa a criação de um Conselho Federal de Jornalismo, em projeto pautado por estranhas e perigosas lacunas a serem convenientemente preenchidas por um Conselho Provisório, o qual certamente contará com a chancela da cúpula governamental? Tais questões interessam não apenas aos jornalistas, mas a toda a sociedade, à qual cabe repelir quaisquer atos que eventualmente ameacem liberdades tão arduamente conquistadas. Não é demais lembrar a proporção direta existente entre a liberdade de imprensa e o vigor dos governos democráticos.

A propósito, Paulo Freire costumava observar que o ato de liberdade mais sublime e revolucionário do homem, como sujeito social, é emitir a crítica, propor soluções e responsabilizar-se pelas conseqüências de ambas as ações. Entendo que já coube à categoria dos jornalistas suficiente regulamentação de suas atividades, de forma a poder arcar com as conseqüências da sua práxis, a qual, antes de tudo, e nos moldes éticos, constitui-se grandioso e destemido exercício de cidadania. Não se pode esquecer que, por trás de certas ondas, quase sempre há um fabricante de justificativas para inconfessáveis intenções. E a prudência ensina que não se pode ir na onda de quem a faz.

Diário de Natal, RN, 1/9/2004

CAPÍTULO 8

PARTICIPE VOTANDO

Nos fundamentos que justificam uma prática efetiva da cidadania, o óbvio — a tese de que o poder corrompe — jamais pode ser descurado. Contra os maus políticos ou práticas abusivas do poder, resta-nos o exercício da cidadania, cuja efetividade demanda ser pautado por consciências livres e perceptivas do seu mundo. Consciências não necessariamente unânimes em suas idéias, porque quando todos pensam da mesma forma, ninguém pensa muito.

Tendemos a achar que a ignorância está nas mentes incultas, iletradas. Mas, dia a dia, deparamo-nos com pessoas que desconhecem os fatores políticos, sociais e culturais que condicionam a própria realidade. Ignorantes políticos pululam a nossa volta. Não admira que o famoso dito de Brecht persiste tão aplicável aos nossos dias: "O pior analfabeto é o analfabeto político. Ele não ouve, não fala nem participa dos acontecimentos políticos. Ele não sabe que o custo de vida, o preço do feijão, do peixe, da farinha, do aluguel, do sapato e do remédio dependem das decisões políticas. O analfabeto político é tão burro, que se orgulha e estufa o peito dizendo que odeia a política."

Assim é que a manutenção de uma boa coesão social em muito depende da eficácia do exercício da cidadania nas mais diversas instâncias públicas. Tal exercício é tanto mais válido quanto mais se ampara em procedimentos políticos e jurídicos adequados à realidade social que se quer ver concretizada. Neste sentido, tanto a escolha pessoal do voto quanto o zelo pela lisura e autenticidade do processo eleitoral constituem tarefas que estão a exigir um maior envolvimento do cidadão, especialmente dos seus atributos de responsabilidade. Conclui-se que a mola mestra para movimentar e preservar os valores e as instituições democráticas é a participação dos cidadãos como protagonistas mais intimamente integrados ao processo eleitoral. Se sua opção é através da "mudança" ou da "comparação", pouco importa; o fundamental é que você participe de forma reflexiva.

Apesar de ser extraordinário o alcance do poder de sufrágio, tal importância é freqüentemente depreciada. A vontade, a liberdade pessoal e a igualdade são valores e princípios repetidamente violados em face das investidas dos maus políticos.

O que temos observado, no entanto, é a necessidade de evitar que o cidadão não eleja o escapismo, mediante a opção pelo niilismo, apenas para imaginar distanciamento da classe política. Para se escapar da revolta ou da desilusão em face do descrédito dos nossos políticos, não se deve louvar a desesperança. Não podemos esquecer quem somos nós e qual a cidade na qual desejamos viver. E se isso nos enche de sentimentos de impotência ou revolta, temos de agir politicamente. E só agiremos votando.

Diário de Natal, RN, 28/10/2004

CAPÍTULO 9

UMA CHAGA SOCIAL

Recente e acirrada polêmica tem-se instalado em diversos setores da sociedade organizada em face de norma emanada do Ministério da Saúde, a liberar as mulheres vítimas de estupro da obrigação de apresentarem nos hospitais da rede pública Boletim de Ocorrência ou quaisquer documentos que comprovem a violência sexual, quando for do seu interesse interromper a gravidez.

Embora o Código Penal brasileiro seja claro quanto à permissão do aborto somente nos casos de estupro e de risco à vida da mãe, o seu art. 128 é omisso quanto à exigência de documento que "ateste" o estupro, isentando a mulher do dever legal de noticiar o fato à polícia. Uma outra norma técnica do ministério, datada de novembro de 1998, surpreendentemente supria esta lacuna e exigia o BO, além de recomendar a solicitação de Laudo do Instituto de Medicina Legal e do Registro de Atendimento Médico à época da violência sofrida. A surpresa fica por conta de que, à época, não houve qualquer manifestação do Judiciário quanto à validade legal da norma, diversamente do que está a ocorrer com relação à norma mais recente, taxada de "inócua" e "sem conseqüência jurídica" por membro do Supremo Tribunal Federal, o qual também considera que a ausência do BO torna o médico suscetível a uma acusação de prática de aborto.

Independentemente de posturas ideológicas em prol ou contra a descriminalização do aborto, do ponto de vista prático e jurídico se constata que o Boletim de Ocorrência se resume ser a notícia de um fato e, isoladamente, não permite concluir pela ocorrência do crime de estupro e nem se atender à condição exigida pela lei para que o aborto não seja penalizado. Ou seja, a lacuna do art. 128 sempre existiu — a lei penal dá o direito à mulher vítima de estupro ser dispensada de registrar BO, não podendo o profissional de saúde recusar proceder à interrupção da gravidez por essa razão. A diferença é que, aparentemente com a nova norma, a mulher que pretender falsear a violência não mais precisará ir a uma delegacia policial e declarar que foi estuprada para ter o direito de requerer o aborto "sentimental" praticado na rede pública hospitalar especializada.

Se para muitos setores médicos e jurídicos a nova norma poderá transformar hospitais em "indústrias de abortos", por outro lado há quem entenda tais temores como excessivos ou exagerados, já que a maioria das mulheres grávidas por estupro devem continuar registrando o BO, até por pretenderem denunciar o agressor à polícia, sendo mínima a parcela dos casos a dispensar o documento. Não são raros os casos em que a própria vítima ou família recusa denunciar o agressor à polícia, em função dos laços sanguíneos que o mesmo mantém com a vítima, não podendo o BO constituir uma restrição ao exercício de um direito constitucional.

Entendo que a polêmica finalmente provocada pela norma do Ministério da Saúde é benéfica sob vários aspectos. Primeiramente, porque se atenta para uma lacuna que está a demandar uma decisão do Judiciário de forma a dar a garantia e a tranqüilidade que a sociedade e os profissionais médicos estão a cobrar. Segundo, porque se clama a atenção da sociedade para um grave problema de saúde pública, o aborto — terceira causa de morte materna no Brasil.

Afinal, quando nos voltamos excessivamente para as questões de cunho ideológico, tornamo-nos suscetíveis aos falsos alarmes e engodos que toldam nossa consciência para certas chagas sociais que, de tão dolorosas e duradouras, fazem-nos acreditar que ali estão e ali devem estar como os nossos umbigos.

Diário de Natal, RN, 11/5/2005

CAPÍTULO 10

Justiça Eleitoral

No próximo dia 28 de maio, a mais alta Corte Eleitoral do país estará completando 60 anos de sua criação. Tal data não coincide com a instituição da Justiça Eleitoral no Brasil, esta mais antiga, criada pelo Código Eleitoral de 1932, o qual delegou ao extinto Tribunal Superior de Justiça Eleitoral a responsabilidade pelo alistamento eleitoral, apuração de votos, diplomação e proclamação dos eleitos. A ditadura do Estado Novo e a Constituição de 1937 extinguiram, juntamente com o regime democrático, a Justiça Eleitoral. Sete anos depois, mediante o Decreto-Lei 7.586 de 1945, mais conhecido como Lei Agamenon Magalhães, foi recriada a Justiça Eleitoral, desta feita com suas funções sob a alçada do Tribunal Superior Eleitoral, a substituir o antigo Tribunal Superior de Justiça Eleitoral.

De todos os ramos do Poder Judiciário, é a Justiça Eleitoral que detém a maior amplitude, a maior heterogeneidade de reservas funcionais. Tal relevância de encargos tem progredido gradualmente não apenas em correspondência aos anseios de aperfeiçoamento institucional e da ordem política, mas também à crescente demanda dos atores políticos por novas atribuições que venham aclarar aspectos cada vez mais complexos do Estado Social. É assim que a capacidade operativa da Justiça eleitoral tem se estendido para diversas competências, referidas às diferentes formas de ação, sejam as jurisdicionais básicas, sejam as legiferantes, administrativas ou consultivas.

Apesar de freqüentemente ser acusada de parcialidade, a beneficiar certos partidos, principalmente o partido hegemônico do momento, nos nichos eleitorais sob sua competência, a tendência se inclina para o fortalecimento da confiança popular no desempenho imparcial dessa Justiça especializada. As razões são múltiplas para esta credibilidade. As próprias peculiaridades da Justiça Eleitoral respondem por algumas delas, a exemplo da obediência ao princípio da temporariedade de seus membros, escolhidos para um biênio, com renovações independentes de critérios políticos e sem prejuízo da obediência a normas rígidas que só fortalecem a segurança da instituição.

Outros aspectos, como a celeridade dos ritos, o investimento tecnológico nos processos de votação e apuração, a responsabilidade coletiva dos tribunais pelas decisões adotadas e a competência para responder a consultas sobre matéria eleitoral sem contemplar situações concretas, bem como emitir atos normativos com força regulamentar, favorecem uma dinâmica própria que faz da Justiça Eleitoral vertente paradigmática, guardiã da verdade eleitoral, de forma a evitar que seja esta corrompida pela fraude, suborno ou coação, deslegitimando a representação popular e, por conseqüência, as bases do governo democrático.

Não podemos nos furtar ao comentário a respeito da realidade que cerca muitas disputas eleitorais, eivadas de exacerbações emocionais que resvalam dos candidatos concorrentes para os magistrados, principalmente os de primeiro grau. Não é exagero dizer que há grande probabilidade de esses julgadores serem as maiores vítimas das pressões políticas regionais — ao contrariarem interesses partidários ou de candidatos, muitas vezes passam a padecer de ofensas ou críticas que desbordam dos limites aceitáveis de urbanidade, em vez de verem manejados, contra suas decisões, os inúmeros recursos disponibilizados pela Justiça Eleitoral. Cabe a todos nós, cidadãos, evitar que a Justiça seja confundida com repasto da política. A Justiça Eleitoral, ao longo destes 60 anos, tem sido pródiga em lições que avivam a observação de Kant, no sentido de que não podemos nos subtrair ao conceito de direito e justiça, nem nas nossas relações privadas, nem nas públicas.

Diário de Natal, RN, 28/5/2005

CAPÍTULO 11

A DOENÇA ENDÊMICA DO BRASIL

Sob o calor e as perspectivas desses tristes dias, temos nos perguntado até quanto vai nosso limiar de tolerância em face da mais nova onda de escândalos que assola o país. Não é difícil concluir pelo elastério da nossa paciência, até em razão do contínuo bombardeio de acontecimentos graves e revoltantes que temos sofrido.

Parecemos não mais nos abalar com o fato de que vivemos no segundo pior país do mundo em distribuição de renda, com taxas crescentes de desemprego, 12% de analfabetos e uma perversa desigualdade resumida no assombroso dado estatístico do 1% brasileiro mais rico concentrar a renda equivalente aos 50% mais pobres. Sobretudo, não mais nos abala saber que vivemos num país de corrupção endêmica, estimada como a origem de 70% do dinheiro aqui lavado. Apenas uma justificativa nos alivia: estudos internacionais sobre a corrupção demonstram que cresce a percepção sobre ela quando, de início, passa-se a intensificar seu combate.

Apesar de todos parecerem concordar que, agora, a crise é gravíssima, pouquíssimos conseguem se concentrar nas causas que a fomentam, e apontar tímidas saídas. Sim, porque não parecem vingar os discursos moralistas, os protestos de grupos organizados, as exibições dos interrogatórios das CPIs ou a fanfarronice não convincente de grande parcela dos envolvidos. Na realidade, funcionam mais como cortina de fumaça para esconder outros aspectos, sem os quais a corrupção endêmica não se alimentaria. Exemplo disso é que os grandes corruptores parecem simplesmente haver sido eclipsados dos noticiários televisivos e das espetaculosas manchetes. Ao contrário, os corrompidos, pelo mais leve tilintar de 3 mil réis, são içados a demônios da nossa aparente triste sina de vítimas da mais nova onda de epidemia de corrupção.

Esquecemo-nos placidamente daqueles que estão do outro lado do balcão de negócios, aqueles que detêm os mais convincentes meios de barganha, a exemplo dos grandes empresários e dos agentes públicos do alto escalão.

A nossa atenção desviada para os aspectos morais dos corrompidos não se volta para a fragilidade do nosso presidente, que nada fez para apurar o "mensalão", apesar de ele haver tomado conhecimento. Ou seja, deixou roubar. Aliás, o "mensalão" nada mais é, como o próprio deputado cantor disse, um barato meio de "pagar o exército mercenário" de forma a não dividir poder.

Por mais que toleremos o cinismo e as explicações estéreis acerca da inerência da corrupção entre nós, não podemos ser lenientes com tais crimes, diretos ou disfarçados — as perdas com a corrupção são imensas. Estima-se que em razão dela, o país perca, por ano, 22% do seu PIB. São perdas que se referem, na sua origem, aos gastos despendidos pela máquina estatal para manter as operações de favorecimento ilegal, subornos, tráfico de influência e fraudes, e todo tipo de ilícitos que sustentam as negociatas. Perdas que repercutem na nossa miserabilidade, exposta nas vexatórias e vergonhosas estatísticas.

Sugestões, vindas dos mais inusitados setores, há muitas: redução do assombroso número de cargos de confiança que nossos Poderes, sem exceção, atualmente detêm, substituindo-os por profissionais de carreira; aumento do salário do funcionalismo que lida com a burocracia estatal; incremento da negociação de acordos internacionais, no sentido de facilitar a repatriação de dinheiro de origem ilegal; realização de um pacto nacional contra a corrupção, capaz de mobilizar a maioria dos setores da sociedade organizada, governamental e não governamental. Em suma, há que se organizar a máquina, apurar os crimes e punir os culpados, distribuir as riquezas.

Padre Antônio Vieira, no distante 1640, diante do recém-empossado vice-rei do Brasil, o marquês de Moontalvão, em lição emblemática e surpreendentemente atual, sentenciou: "É pois a doença do Brasil *privatio justitiae debitae*. Falta da devida justiça, assim da justiça punitiva, que castiga maus, como da justiça distributiva, que premia bons. Prêmio e castigo são os dois pólos em que se revolve e sustenta a conservação de qualquer monarquia, e porque ambos estes faltaram sempre ao Brasil, por isso se arruinou e caiu. Sem justiça não há reino, nem província, nem cidade, nem ainda companhia de ladrões que possa conservar-se."

Diário de Natal, RN, 29/6/2005

CAPÍTULO 12

A VINGANÇA DA REALIDADE

Ao longo dos últimos dois anos, as operações de combate à corrupção, conduzidas principalmente pela Polícia Federal e Ministério Público, já prenderam mais de mil e duzentas pessoas, entre políticos, juízes, advogados, funcionários públicos e, sobretudo, empresários. Nada demais se delas redundasse um número igualmente vultoso de denúncias e processos com consistente valor probatório — dignificariam o exercício da atividade jurisdicional e seriam exemplos da eficácia do combate à corrupção pela máquina estatal. Lamentavelmente, o que existe é um grande descompasso entre a profusa detenção de suspeitos e a minguada parcela que permanece presa ou está sendo denunciada. Ou seja, estamos presenciando um assombroso processo de banalização do instituto da prisão temporária, exercitado a partir da fragilidade ou da mais absoluta falta de fundamento. Instituto que apenas deveria ser manejado em caráter excepcional, nos casos que se mostrassem imprescindíveis para as investigações e para a garantia da ordem pública, quando os investigados se dispusessem a impedir o trabalho da polícia. Jamais como anômala espécie de arma judicial, chancelada pelo Estado, com o ilícito fito de acelerar investigações à base de coação.

Estamos a assistir, como nunca se ousou neste país, uma inversão de valores caríssimos à democracia, cujo exemplo da hora é o da obediência ao princípio da não-culpabilidade.

Prefere-se primeiro prender e depois investigar; coagir e segregar meros investigados a deixar culpados em liberdade; condenar previamente e, só depois, inocentar. E tudo se passando como se reverter tal processo de tortura e execração pública da generalização da acusação fosse possível, principalmente quando realizado sob o calor e as luzes incandescentes dos holofotes que terminam por consumir e reduzir honras a cinzas.

Assim, assistimos das nossas poltronas às prisões e acusações públicas dos funcionários de carreira do Ibama que sofreram o ultraje dos interrogatórios, alguns sem o pleno conhecimento das razões pelas quais ali estavam. Libertados dias após a situação vexatória, alguns se disseram atônitos pelas detenções, as quais, aparentemente, tiveram o fito de esclarecer aspectos administrativos dos seus trabalhos. Aspecto que apenas reforça o fato de as prisões temporárias estarem sendo utilizadas como instrumento trivial para acelerar as investigações das grandes operações criminais.

Não é sem propósito que vozes altivas têm clamado contra a banalização de tais prisões, a exemplo do porte corajoso do professor Hélio Bicudo, que considera os tratamentos reservados aos detidos como insertos na definição da ONU de tortura. O ministro Marco Aurélio de Mello, do Supremo Tribunal Federal, igualmente tem se insurgido contra este abuso, por ele entendido como "inversão de valores, como se se presumisse de imediato a culpa".

Patente é a persistência das assustadoras sombras de uma realidade passada, cujo exemplo que ora me acode é o da Escola de Base, da qual não aprendemos as lições dos efeitos deletérios das acusações açodadas e prisões temporárias, acintosamente levadas a efeito sob os holofotes da mídia. Verdadeiros assassínios morais, perpetrados pelo Estado e sob a tolerante vista da maioria de nós. Exemplos de nefasto simbolismo, a desdenhar do princípio da não-culpabilidade e a até, quem sabe, estimular ações físicas contra vidas de inocentes — atirar, para depois averiguar. Na nossa aldeia, onde os caboclos não nos são desconhecidos, bem recentes, os ecos da tragédia que vitimou o prefeito João Dehon e seu motorista. Ecos que me fazem lembrar da observação do mestre George Ripert, de que quando o direito ignora a realidade, a realidade termina por se vingar, ignorando o direito.

Diário de Natal, RN, 19/7/2005

CAPÍTULO 13

A MISSÃO DO ADVOGADO

O advogado, talvez mais que qualquer profissional, na cotidiana defesa de suas prerrogativas, está sujeito a dilemas de natureza ética e política que impõem a urgência do enfrentamento. As bandeiras cívicas de lutas e de defesa da sociedade que têm sido associadas à figura do advogado e suas instituições se engrandecem e elevam a categoria profissional a verdadeiro baluarte nas lutas pela salvaguarda dos direitos e garantias de um povo; por outro lado, importam em um grande e pesado fardo de responsabilidades.

Em face dos últimos acontecimentos que têm paralisado e mergulhado as instituições do país numa das mais profundas crises de que se tem notícia nos últimos cinqüenta anos, natural que a figura do advogado, especialmente o criminalista, assomasse como defensor dos acusados de corrupção, desvios de verbas públicas, chantagem, e toda sorte de delitos que ora envolvem expoentes do Executivo e Legislativo. Com os contornos de sua imagem pública confundidos com os de seus clientes, os advogados têm atraído a desconfiança, a incompreensão e até a ira de parcela significativa da sociedade. De defensor do Estado democrático de direito, da cidadania, da Justiça, da paz social e da moralidade pública, a este profissional têm sido imputadas pechas de mercenarismo, cumplicidade com a clientela suspeita, defensor de interesses escusos.

Alguns profissionais, e não apenas aqueles afeitos a experimentar os limites que separam o legal e o justo do ilícito, até não mais vê-los, tiveram seus escritórios invadidos, sua correspondência e sigilo quebrados, seus segredos profissionais devassados, suas prerrogativas aviltadas. Em meio aos perigos e à exaltação dos ânimos que ora nos circundam e que concorrem para turvar nossas consciências e negligenciar a prudência, há que se advertir os mais inexperientes acerca dos riscos inerentes às escolhas impostas pelos dilemas e conflitos, sobretudo os éticos, morais.

As aparências da conduta ética como um tema banal não passam de aparências. Basta lembrar que, dentre as formas de comportamento humano, a jurídica é a que guarda maior intimidade com a moral, apresentando-se, tanto as normas jurídicas quanto as morais, como imperativas e preordenadas à garantia da coesão social. Assim, se é certo que a função maior do advogado é defender o cliente, não é certo que tal defesa deva se processar a qualquer custo.

Quando o jovem advogado, pressionado pelas circunstâncias materiais inerentes à sobrevivência ou ambição, se permite seduzir pela escalada mais rápida e fácil rumo ao cume da montanha, arrisca-se a relegar não apenas as regras morais, mas também as jurídicas. Nem sempre os dilemas e conflitos que permeiam vultosos honorários e os escrúpulos da consciência e o devido respeito à profissão resultam em escolhas satisfatórias. Carreiras brilhantes têm sido destruídas em razão de escolhas que sacrificaram as normas éticas e profissionais.

Em narrativa alegórica que gosto de reproduzir, não custa lembrar que nas escaladas profissionais, assim como em tudo na vida, não basta alcançar o objetivo — é preciso retornar sem grandes seqüelas, de cabeça erguida, de modo a ter ainda reservas para empreender novas missões em direção a este ou a outros cumes. A humildade, a aceitação dos próprios limites e a obediência às normas éticas e profissionais, mais que a ambição e a perseguição do sucesso e da riqueza material, são as qualidades imprescindíveis que permitem concretizar uma boa missão — forçam-nos a olhar para a base da montanha e ver que, se somos deveras humanos e limitados, também conseguimos resistir às intempéries e domar os demônios da consciência.

Diário de Natal, RN, 25/8/2005

CAPÍTULO 14

EM NOME DA FÉ

Polêmica recente envolveu, de um lado, a Confederação dos Trabalhadores na Saúde — CNTS — e, de outro, a maioria (sete) dos ministros do Supremo Tribunal Federal, que derrubou liminar do ministro Marco Aurélio que autorizava aborto de fetos anencéfalos. Tudo aponta um destino semelhante para o mérito, caso este venha a ser julgado. O procurador-geral da República, Cláudio Fonteles, pediu o arquivamento, sob o tecnicismo jurídico de que a ação de argüição de descumprimento de preceito fundamental é inadequada para decidir a causa.

Não somente os cientistas que militam na área da bioética, mas também uma maioria de leigos (grandes jornais providenciaram pesquisas de opinião) e de operadores do Direito, tem se manifestado favoravelmente à concessão do direito de interromper a gestação em casos de anencefalia. Ante um Código Penal que apenas permite a interrupção em casos de estupro ou risco de vida para a mãe, a liminar vencida reconhecia o "direito constitucional da gestante de submeter-se à operação terapêutica de partos de fetos anencefálicos, a partir do laudo médico atestando a deformidade, a anomalia que atingiu o feto". Privilegiaram argumentos do tipo "todos nascemos para morrer" (ministro Cezar Peluso) ou "essas crianças podem ajudar outras que precisam de transplantes de coração, por exemplo" (procurador-geral Cláudio Fonteles).

Toldaram os limites entre embrião e pessoa; confundiram as noções de organismo biológico e pessoa, a exemplo dos dogmas da Igreja Católica e dos chamados "movimentos pela vida". Optaram pela sacralidade da vida em detrimento da qualidade de vida; pela ética secular da vertente religiosa, em vez da ética que trata do ser humano mutável e dependente das circunstâncias históricas.

As razões para a decisão de aparência retrógrada ainda não estão muito claras, até em razão da falta de maior discussão, incompatíveis com as inteligências que sobejam na mais alta Corte da Justiça brasileira. Observadores admitem que o *lobby* religioso conseguiu se impor não somente às cerca de quarenta interrupções de gravidez autorizadas durante os quatro meses em que vigorou a liminar, mas também às mais de três mil antecipações de parto conseguidas em sede de alvará, nos últimos quinze anos.

É indubitável que, perante a comunidade científica internacional e a legislação de países desenvolvidos, trata-se de um imenso retrocesso, para além dos quinze anos de concessões pontuais de interrupção de gravidez, muitas vezes sob o dissimulado argumento de que a gestante estaria a correr "risco de vida" em face da gravidez de anencefálico. Tudo sob os olhos da Justiça, que não pareciam de todo vendados, apenas para conformar a permissão do procedimento médico à segunda causa excludente de ilicitude do nosso Código Penal.

A sociedade, mediante a CNTS, quando buscou sancionar uma prática muitas vezes dissimuladamente acordada entre gestantes, médicos e juízes, recebeu resposta impiedosa, autoritária e exemplificativa de cerceamento à liberdade e autonomia da vontade, de desrespeito à dignidade da mulher, agora obrigada a carregar no seu útero, por nove meses, um fardo inviável que carece do sinal que confere humanidade a um ser: o cérebro. E tudo isto a duras penas de um incalculável sofrimento e riscos à saúde, nas suas vertentes física, mental e social. E em nome da fé. Lamentavelmente, as posições valorativas de cunho religioso tendem a turvar o debate ético e a consecução de um acordo em torno da questão. Não podemos esquecer que os direitos ditos absolutos, cedo ou tarde, não conseguirão deter a marcha da ciência e do interesse social na qualidade de vida e na dignidade da pessoa.

Diário de Natal, RN, 12/11/2004

CAPÍTULO 15

Socorro

No nosso país, onde o poder medra em um sistema permissivo e parece ter a mágica de anestesiar os seus donos para certos males, aos degradados sociais soa estranho lembrar que a "saúde é direito de todos e dever do Estado", a ser garantida mediante políticas sociais e econômicas que promovam o acesso universal e igualitário às ações e serviços. Direito social crucial, a saúde parece haver se tornado invisível na maior parte do tempo, restrita às tragédias dos mais desamparados. Tão invisível que parece só clamar a atenção do vulgo em face de tragédias propaladas na imprensa ou de mobilizações de categorias profissionais ainda influentes.

Nos últimos dois meses, quando perdura uma greve de imprescindível parcela da categoria médica, a população natalense tem constatado que, apesar dos recursos médicos há muito contarem com os transplantes de órgãos, os marca-passos, os *stents* e UTIs, a situação da saúde pública é extremamente crítica.

Enquanto perdura o impasse entre os intransigentes gestores do SUS e os profissionais médicos que reivindicam reajuste sobre a tabela de procedimentos, pacientes graves têm sido transferidos para outros Estados; ou, simplesmente, retornado para seus lares para, pacientemente, esperarem; ou, simples e desgraçadamente, morrido em meio à carência de material e de vontade política.

Enquanto perduram as contradições e acusações mútuas de responsabilização pelos envolvidos nas negociações, comunicados do prefeito no sentido de transferir ao Ministério da Saúde os procedimentos de alta complexidade, e desmentidos do último sob a justificativa de que a atual crise se restringe aos gestores estadual e municipal do SUS, tragédias como a de Maria do Socorro Silva, morta pela falta de um *stent*, ocorrem.

Nome emblemático, representativo de um imaginário feminino, dotado de significado de auxílio ou defesa, e secundado pelo mais brasileiro dos sobrenomes, Socorro não recebeu o socorro, genuíno direito que lhe foi subtraído, e que redundou no pior dos alcances da omissão de um dever do Estado — a morte de um dos seus cidadãos. Socorro era apenas uma, entre os 49 ou mais de dois mil pacientes à espera de um procedimento complexo, a escolher a estimativa da Secretaria Municipal de Saúde ou a da Associação Médica do Estado. Socorro, até o momento, e até onde se sabe, é uma das duas vítimas fatais desta pontual batalha, rastro de sangue denotativo de que um verdadeiro genocídio social está a ocorrer neste país. Ela, a exemplo dos milhões de excluídos que aqui habitam, não pôde trocar seu martírio por um *stent*, assim como Manoel também não o fez por um marca-passo.

Mas nós podemos, sim, trocar nossa passividade por indignação, enxergar os limites do intolerável, sentirmo-nos obrigados com os mortos e perplexos em face de uma injustiça social, cuja origem não é de agora. A rede pública de saúde transformou-se em gigantesco caos regido por inúmeras variáveis, dentre as quais perdura o déficit de recursos, a insensibilidade política e a desvalorização dos profissionais da saúde. Há muito, a categoria médica tem sido aviltada na sua imagem, nos seus salários e nas condições de trabalho que lhe são disponibilizadas. Afinal, qualquer um há de concordar que existe algo de extremamente errado e injusto numa sociedade que não questiona o fato de um médico do Estado receber, por 20 horas semanais de trabalho, um salário equivalente a apenas 4% (quatro por cento) do que ganha um juiz ou promotor. As desigualdades persistem no cotejo com outras categorias profissionais, a exemplo de auditores fiscais e engenheiros. As causas? Não há razões que justifiquem as razões deste poder. E não é impossível questionar as ações dos que agem como se não precisassem prestar contas ou dar explicações. De outra forma, aceitaríamos ser, todos, vítimas do poder que Ésquilo tão bem retratou? Prometeus, acorrentado ao rochedo, desesperançado e a lastimar: "Tu, ó Poder, nunca sentirás compaixão e serás sempre capaz de toda audácia."

Diário de Natal, RN, 14/10/2006

CAPÍTULO 16

O REVERSO DA VERDADE

Certos atos humanos são dirigidos à realização de interesses merecedores da tutela do Estado em vista de sua utilidade social. A tutela constitucional abrange tanto a dimensão social quanto a existencial, de forma a proteger a dignidade da pessoa humana e da justiça social, reforçando os valores democráticos. Mas esquecemo-nos amiúde que os direitos patrimoniais são abarcados pela ordem constitucional tanto como meios para concretizar os valores existenciais quanto para defender os interesses da coletividade. Neste contexto, sobressai o sigilo bancário, garantia prevista na Constituição Federal, cuja ruptura implica ignóbil exposição da segurança individual e da vida privada, uma das formas de expressão da liberdade apenas prestigiada pela Administração Pública.

Por isso, choca-nos saber que um ato de uma simples pessoa do povo, a desafiar um poderoso pilar do atual governo federal, sofreu grave tentativa de desqualificação a partir de uma ilegalidade autorizada — a violação do seu sigilo bancário. Lamentavelmente, o tão falado caseiro, na esteira de tantos outros brasileiros humildes que ousaram desafiar o sistema, antes teve que se confrontar com o poder dos demônios — quando pelo criminoso vazamento da quebra dos seus dados bancários efetuada pela alta hierarquia da Caixa Econômica Federal, a mando do Ministro da Fazenda, de forma a fortalecer as maliciosas insinuações de que suas declarações poderiam ter sido compradas e forjadas pela oposição.

Quanta ironia! Como se a autodeterminação fosse impossível a um simples trabalhador. Como se gente comum fosse destituída de arroubos nas demonstrações de princípios morais, de forma que não conseguissem se postar com indiferença frente às coações e subornos engendrados pelos donos do poder. Outra ironia: o simplório caseiro, na sua verde, autêntica e imprudente intransigência, "até a morte", inscreveu-se no programa governamental de proteção às testemunhas quando esse mesmo governo pretende desqualificá-lo. Suprema ironia: a quebra do sigilo bancário de um simples caseiro, tal qual feitiço que se volta contra o feiticeiro, terminou por desencadear a própria queda do presumível mandante e destinatário final do documento com os dados bancários.

Há aspectos mais que lastimáveis nestes gravames, afora a inevitável e ostensiva influência do Palácio do Planalto na Caixa Econômica, e o fato de o vazamento dos dados haver extrapolado a violação da lei do sigilo bancário e invadido aspectos da vida privada de terceiros que, aparentemente, nada tinham a ver com os acontecimentos, a exemplo do presumível autor dos depósitos, pai biológico do caseiro que não pretende ter a paternidade reconhecida. O ultraje à garantia constitucional dos direitos individuais aqui se deu sob a grave forma de desdobramentos múltiplos e sucessivos.

Mas a maior ofensa em curso, protagonizada por autoridades de todos os poderes, parece redutível à absoluta falta de eqüidade, pesos e medidas, no trato dos direitos das potestades corrompidas e do cidadão comum. Ingerências e estratégias criminosas são manejadas indecorosamente a serviço de interesses escusos, a proteger autoridades e fiéis amigos do Palácio do Planalto, enquanto aparelhos estatais, dotados de insuspeitas celeridade e eficácia, se voltam contra pessoas do povo, ao sinal da mais prevista revelação.

Foucault já lembrava não haver nada mais inconsistente que um regime político indiferente à verdade, e nada mais perigoso que um sistema político que pretende prescrever a verdade. A ética pública das danças comemorativas da impunidade que temos presenciado estarrecidos é exemplificativa deste perigo. Mas o fato é que a moral simples de uma ovelha, surpreendentemente, pode desencadear no caos político uma sucessão de eventos que desestabiliza, mesmo que provisoriamente, o poder da matilha. A sabedoria de Montaigne bem ensina que o reverso da verdade tem cem mil formas, e um campo indefinido, sem fronteiras ou limites. É triste ver tanta falta de limites no vilipêndio da nossa vida privada em busca de proteção de um único membro da República como se ela fosse muito maior do que o próprio Povo.

Diário de Natal, RN, 30/3/2006

CAPÍTULO 17

LEI DA PRECIPITAÇÃO

Ultimamente, temos assistido a um verdadeiro festival de mentiras que assola o país. Algumas delas toleradas, outras nem tanto. Muitas alçadas ao êxito, apesar e contra o clamor público que às vezes frontalmente diverge das posturas assumidas pelos nossos representantes políticos. A história evolucionária das espécies e a nossa própria ontogênese demonstram que a mentira é mesmo mecanismo intrínseco às estratégias de sobrevivência. Em todos os sentidos. Mas é fato que há mentiras e mentiras. Mal necessário, mal a ser evitado a qualquer custo, mal oponível à verdade e à moralidade, ou mal incompatível com o pacto social, a mentira tem várias faces. Segundo a importância do objeto posto no jogo social, as mentiras podem ser de alto e baixo risco, impondo-se, no caso das primeiras, complexa e estratégica operação de planejamento, de forma a se mentir da melhor forma possível. Enfim, são tantas as raízes da mentira, suas tipologias e perspectivas, que o seu estudo é indissociável no panorama das relações humanas, no qual se posta o direito.

Na esfera do direito, lida-se com a mentira diuturnamente. Álibis, testemunhos e declarações nem sempre seguem a memória fiel dos fatos, e esvaecem os limites entre o falso e o verdadeiro, a ponto de apenas se distinguirem perfeitamente para um interlocutor atento e experiente, que percebe entre simples estratégias de sobrevivência e defesa, ou entre os imorais comportamentos abominados pela nossa cultura e que colidem contra o pacto de credibilidade e de confiança, lastro da coesão social.

Assim, como enquadrar a mentira formulada pelos advogados de Suzane Richthofen, ré confessa do assassinato dos pais, cuja imagem vem sendo tão intensamente manejada pela mídia televisiva? Em recente reportagem ao programa *Fantástico*, a TV Globo exibiu trechos em que os defensores orientavam sua cliente a chorar. Simples mal-entendido, manipulação e invasão da mídia numa conversa privativa entre o profissional e sua constituinte, ou a clara intenção de criar fatos e situações novas para alterar o panorama processual, além de constituir ameaça à integridade física do irmão da ré? Este último foi o entendimento do promotor do caso, seguido pelo juiz que, num assomo de zelo, decretou a prisão preventiva da ré.

Afinal, seria uma mentira de baixo risco, mera estratégia de defesa, com o intuito de pleitear benefícios do irmão de Suzane, ou um artifício engenhosamente elaborado com o fito de alterar os rumos do processo? Obviamente, a opinião pública influenciada pelos meios de comunicação, considerando as características hediondas do crime, se postou veementemente contra a versão dos advogados. A OAB Federal e a seccional paulista já externaram seu repúdio contra as diretrizes dadas à cliente por dois de seus membros, um deles já afastado do Conselho de Ética da instituição. Uma comissão de sindicância também já foi devidamente instaurada para apurar eventual desvio ético no exercício da profissão. Quanto a Suzane, coube a punição por haver seguido à risca a desastrada orientação de seus procuradores.

Independentemente das emoções envolvidas no bárbaro homicídio, e que frontalmente remetem à destruição de bens sagrados e de elevados princípios morais, não podemos nos deixar influenciar pelo clima histriônico e hipócrita que parece cercar o caso. Não há dúvidas de que Suzane deve ser julgada e punida pela sua participação no odioso crime que ceifou as vidas dos seus pais. Mas, neste momento, não me parece legal e justo condená-la por erro rudimentar e infantil cometido pelos seus defensores. Por mais antipática e temerária que possa parecer tal postura para um advogado, entendo que outras peças em jogo têm de ser consideradas, a exemplo das máscaras usadas nas guerras de audiência das mídias, do erro técnico cometido pela defesa, do açodamento de discursos e decisões que mais encerram o condão de refletores pessoais que refletores do justo. Lembremo-nos de que até Cristo foi julgado em função do clamor público, e que um governante de triste memória, Pilatos, passou à história como exemplo de magistrado pusilânime e insensível.

Do que me chegou ao conhecimento pelos mesmos canais que exibiram a desditosa "farsa", cultivo sérias dúvidas acerca da moderação e diligência que geralmente amparam as decisões dos aplicadores da lei. Há menos de um ano, e por muito menos — imotivada manutenção de prisão preventiva calcada em "clamor público" —, o STJ concedeu *habeas corpus* determinando a soltura de Suzane. Aplicação simples e racional da norma, sem qualquer receio das compreensíveis e esperadas manifestações de reprovação pública. Sem qualquer receio de seguir a máxima de Aristóteles de que a lei é a razão livre da paixão. E que, para ser razão, demanda prudência na sua aplicação. Do contrário, está fadada ao que Rui Barbosa, na sua sempre lúcida opinião, preconizou: "A lei da precipitação é a lei do atropelo e do ataranto, a lei do descuido e do desazo, a lei da fancaria e da aventura, a lei da inconsciência e da mediocridade."

Jornal de Hoje, RN, 20/4/2006

CAPÍTULO 18

A ESPERANÇA DE ALUÍZIO, DE TODOS NÓS

Poucos homens podem se ufanar que um dia escaparão do destino que parece ser reservado para os comuns — a sobrevinda da morte de forma que, só então, os outros possam apurar seu real valor. Aluízio é um deles. Viveu intensamente como se a morte fosse uma impossibilidade, o que lhe permitiu projetar, construir, transpor árduos obstáculos, alçar o poder. No expressivo e absorvente convívio com os homens, apreendeu os seus corações nas áridas relações de poder, amou e foi admirado, até os píncaros da idolatria. Teve a sabedoria de aprender com os adversários e, qual águia que se agigantava sobre outros pássaros, deixava passá-los, certo que conseguiria inibi-los ou, mesmo, alçá-los ao posto de aliados.

Em todos os níveis da sociedade, há líderes e liderados, dominadores e dominados, livres e dependentes. Aluízio foi líder nato, dominador carismático. Ainda verde, elegeu valores que lhe tornaram possível a vida de grande líder e lhe outorgaram uma postura inabalável perante ela. No seu projeto maior, encarnou o conceito de poder de Virgílio — pôde, porque acreditou em poder. Sua férrea vontade lhe determinou a imprimir nos outros, como motivo duradouro, seus próprios valores. Soube interpretar as motivações do seu povo como alavancas que manejou magistralmente, por meio de uma retórica ímpar e vigorosa, na qual a esperança foi tema recorrente. Mas não costumava idealizar os homens, e assim se postava como uma rocha perante as desilusões, de forma a conseguir imprimir um caráter realista ao ato de governar.

Diversamente de tantos que buscam o poder como meio para obter benesses econômicas e pessoais, Aluízio surpreendia com sua prodigalidade material e seu amor pelas mais puras relações de poder, nas quais o domínio sobre os homens excede o domínio sobre os bens materiais. Bens usados como meros meios para motivar, encantar e envolver no projeto maior — um poder coletivo, que presumia acolhimento do espírito da comunidade, da sua querida "gentinha", multidão esperançosa de dias melhores e da permanência e transcendência do seu líder. Pois quem domina em vastos círculos só consegue fazê-lo reunindo dentro de si uma espécie de poder coletivo, o qual tem o condão de, em face de tantos atos de conquista, também perdoar pelo privilégio do poder.

Só um grau superior de autoconhecimento permitiria tamanha objetividade e simplicidade nas escolhas. Não sem propósito, nos insucessos e obstáculos, Aluízio se postava avesso às racionalizações de praxe, a surpreender pelo pronto reconhecimento das falhas ou eventuais vitórias dos adversários — sua mente, ordenada por um padrão axiológico político, em muito se antecipava a dos demais e lhe norteava a alma para cenários futuros, as cruas arenas dos jogos políticos, em que as relações humanas se digladiam, compõem-se e decompõem-se em redes do mais puro poder.

Certa vez, na companhia do meu pai, comentando sua vida pública, ouvi de Aluízio: "Há algo que não perdi. A capacidade de sonhar e de re-sonhar, de apanhar no chão os pedaços de sonhos perdidos e de reconstruí-los na alma e na esperança." Como costumava dizer, combateu o bom combate, como manda São Paulo. E, ao final de um de seus últimos pronunciamentos, a mente inundada de maturidade e decantada do cascalho das ilusões, Aluízio fez um apelo sob o manto da promessa, e que tudo diz: "Eu te prometo, Rio Grande do Norte, como se rezasse diante de Deus: agora, passando a outros o meu bastão, vou ficar na janela do meu tempo, mesmo breve, vendo as mangueiras crescerem nas terras da minha Pátria, e, no coração cansado de lutas, re-iluminar a esperança de que eles — os que nos substituem — façam melhor do que sonhamos e conseguimos fazer." Resta-nos suplicar, aos que lhe substituem, que cumpram o desiderato deste grande homem, exemplo paradigmático de condutor dos nossos destinos políticos perante as gerações vindouras.

Diário de Natal, RN, 10/5/2006

CAPÍTULO 19

A CONSCIENTIZAÇÃO DO VOTO

A importância do exercício da cidadania nas mais diversas instâncias públicas é imprescindível para a manutenção da coesão social, particularmente quando tal empenho é provido com procedimentos políticos e jurídicos, adequados à realidade social buscada pela maioria. Nos fundamentos que justificam uma prática efetiva da cidadania, o óbvio — a tese de que o poder corrompe — jamais pode ser descurado. Aos exemplos da história, somam-se as doutrinas, de Maquiavel, Hobbes e E. La Boétie, até Hannah Arendt e Bobbio.

O zelo pela lisura e autenticidade do processo eleitoral figura entre as tarefas que estão a exigir maior envolvimento dos atributos de responsabilidade do cidadão. A sua participação como protagonista mais intimamente integrado ao processo eleitoral é a mola mestra para movimentar e preservar os valores e as instituições democráticas. O desvirtuamento da vontade, a liberdade pessoal e a igualdade são valores e princípios freqüentemente violados em face das investidas do abuso do poder econômico e da corrupção no poder de sufrágio exercido pelos cidadãos.

A exemplo de outras formas de corrupção eleitoral, a compra de votos tem resistido em parte por haver assumido formas mais sutis e engenhosas, de fácil penetração nas camadas mais suscetíveis da sociedade, a dificultar a detecção de vestígios materiais que possam apontar a responsabilidade.

Eventualmente, candidatos são objetos da *persecutio criminis*, ou por haverem escancarado a larga janela da impunidade, ou por haverem incorrido em "invasão de redutos" de denunciantes concorrentes. Aqueles afeitos às negociações de cúpula, nas quais o poder político é previamente demarcado e repartido, geralmente escapam de instaurações de procedimentos penais, quando também não escapam da revenda de sua prometida votação a candidato mais voraz e economicamente mais poderoso. Infelizmente, ainda não parece muito assustar e indignar o fato de se ver políticos que, sem quaisquer raízes políticas em determinadas regiões, assomam no panorama eleitoral com votações maciças e apenas explicáveis mediante recursos corruptores inerentes ao abuso do poder econômico.

Neste sentido, parece ser válido supor a existência de dois elementos volitivos que permitem o abuso do poder na sua forma corrupção eleitoral: a cobiça e a necessidade. Ambos os sujeitos, ativo e passivo, necessitam concretizar sua relação, de forma a suprir a cobiça do primeiro e as necessidades do outro.

Um Estado organizado e moderno muito contribuiria para refrear este tipo de prática, já que corrupção e modernização estatal são inimigas viscerais. O outro elemento imprescindível apontado por este autor é a cidadania no papel de controlador social da luta contra a corrupção — o senso moral, como qualidade de cidadão, impulsionaria a fiscalização e a transformação em exigência permanente de conduta por parte da classe política. Segundo este entendimento, para o qual confluem diversos outros, a pressão social aparece como o mais forte instrumento de combate à corrupção.

No caso do Brasil, ainda estamos a desejar uma pressão social suficientemente forte para romper os grilhões das oligarquias, de forma a permitir prosperar os princípios democráticos inerentes ao Estado Democrático de Direito.

Jornal de Hoje, RN, 3/12/2007

CAPÍTULO 20

REFORMA POLÍTICA E PARTICIPAÇÃO

Eficácia e legitimidade de reformas políticas passam necessariamente pelo diálogo entre organizações da sociedade civil, representações políticas e partidos políticos. O bom funcionamento de cada uma destas esferas e os acordos estabelecidos entre elas são aspectos imprescindíveis para se afirmarem práticas e valores democráticos, a exemplo da estruturação de relações de poder mais harmônicas e igualitárias, da redistribuição de oportunidades de acesso à representação política, além do fortalecimento de organizações políticas partidárias e não partidárias. Entendo que, embora tais práticas há muito venham sendo demandadas pela sociedade brasileira, não será desta vez que a reforma política resgatada pela nova legislatura as contemplará. Os debates têm sido praticamente monopolizados pelo Legislativo, em detrimento das organizações da sociedade civil. Prenuncia-se uma reforma "fatiada", como foi a da Previdência e a tributária, a priorizar a aprovação dos aspectos eminentemente de interesses partidários e consensuais com vias de vigorar já no próximo pleito, deixando os temas polêmicos para a disputa voto a voto, com vigência só em 2010. Entre os próprios parlamentares, as disputas intestinas não conseguem disfarçar a cisão casuística entre os principais pontos da reforma, assentados em dois projetos de lei e uma proposta de Emenda Constitucional. A fidelidade partidária, baseada em emenda constitucional que prevê a perda do mandato para o parlamentar que deixar, voluntariamente, o partido pelo qual se elegeu, apesar de boa proposta, tem sido barganhada para a sobrevivência dos pequenos partidos mediante a redução da cláusula de desempenho. Pela cláusula de barreira, pretende-se afrouxar as exigências da Lei 9.096, ou seja, reduzir de 5% para 2% os votos válidos nacionalmente para a Câmara dos Deputados, que os partidos precisam para ter direito ao funcionamento parlamentar. Tal alteração beneficiaria certos partidos (PCdoB, PSB e PDT) que não conseguiram alcançar os 5% dos votos nas eleições de 2002 e estariam ameaçados de extinção a partir de 2006. Outra proposta é a criação de um sistema de votação no partido em vez de no candidato — a própria legenda, mediante disputas internas, organizaria uma lista fechada de filiados indicados para ocupar o mandato. Este dispositivo, embora pretenda ter o condão de fortalecer os partidos, é tido como bastante utópico para a nossa realidade, com fortes possibilidades de acabar promovendo o autoritarismo e o fortalecimento das burocracias partidárias. Além do mais, as objeções à sua aprovação são muitas. A proposta de financiamento público exclusivo de campanha, que preconiza a ampliação e equalização das condições de participação política, diminuindo a corrupção eleitoral mediante a criação de um fundo partidário estimado em R$ 800 milhões, de certo modo já existe sob a forma de abatimento de impostos concedido às emissoras de rádio e TV pela cessão de tempo para a propaganda eleitoral gratuita. De todos os principais pontos da reforma política, é o fim da verticalização que mais agrega defensores, quase unânimes na defesa da liberdade de alianças entre os partidos. Como se vê, apesar das imperfeições do projeto e da falta de consenso entre os partidos, as intenções contidas nas propostas são, na sua maioria, boas. O problema é que têm sido manipuladas segundo interesses de grupos, alguns sem o menor escrúpulo. A eleição de Severino Cavalcanti (PP-PE) foi extremamente sinalizadora deste fenômeno personalista e ávido que, na contramão da democracia, tem contagiado muitos dos nossos políticos. Em vez de buscar aperfeiçoar os pontos e ampliar o diálogo com o restante da sociedade, setores do Congresso, particularmente o chamado "baixo clero", têm privilegiado a proposta de coincidência de eleições. Como na questão do aumento dos próprios vencimentos, tal ênfase teria a providência de atender aos interesses dos atuais parlamentares, extensivos aos ocupantes de cargos públicos, Presidente da República e governadores, os quais teriam prorrogados os seus mandatos para acompanhar a eleição para prefeito e vereadores. Por seu turno, o Governo Lula, cuja relação dialógica com o Congresso é amparada no fisiologismo, dá mostras de não querer se envolver e dissipar as oposições à reforma já sinalizadas por partidos de sua base de apoio (PT, PTB, PL, PP e PMDB). As razões para o não-envolvimento, igualmente fisiológicas, remetem à preferência do governo pela facilidade de apoio com a qual tem sido mimado. O próprio Severino Cavalcanti, recentemente, deu mostras desta facilidade ao mandar arquivar denúncia do PSDB contra Lula. Com ênfase, diga-se, de raros paralelos no PT. Sim, não há dúvidas de que a reforma política vai mudar algumas regras políticas neste país. Prudentemente, fatia-se a reforma para que algo mude, contanto que as mudanças não sejam tão grandes a ponto de desaguarem em instabilidades para o atual sistema político. Como disse o príncipe Fabrizio Salina, personagem do célebre romance *O Gattopardo*, de Tomasi di

Lampedusa, "é preciso que tudo mude para que tudo se mantenha". Assim, tanto para a decadente nobreza siciliana do século XIX quanto para a ascendente classe política do "baixo clero", em pleno Brasil do século XXI, o significado das mudanças é o mesmo.

Jornal de Hoje, RN, 8/12/2007

CAPÍTULO 21

O JUDICIÁRIO COMO VIDRAÇA

Temos assistido, não sem um certo desconforto, as críticas provenientes de setores importantes da sociedade civil contra decisões emanadas de juízes de direito. Embora também reflitam um estado de inconformismo relativo às decisões judiciais, tais críticas passaram a desbordar dos limites mínimos de urbanidade e cortesia, aproximando-se da afronta, da ofensa moral. Lamentavelmente, na maioria das vezes, comentários públicos ou notas pagas na imprensa não são suficientes para suscitar reações ou tomadas de posição de grupos sociais mais organizados, incluindo a própria magistratura.

Não há como evitar questionamentos acerca dos motivos deste fenômeno que está a se repetir e a contribuir para uma perturbadora onda de descrédito no Judiciário. Onda que escachoa nos nossos juízes acusados de corporativismo, nepotismo, vinculações espúrias com os outros poderes, parcialidade nas decisões, arbitrariedade, quando não são superficialmente alfinetados com as pechas de imaturos, autoritários e presunçosos. Acusações de cunho personalista que terminam por incorrer em imputações de ordem funcional, a exemplo da má qualidade do processo decisório, baixa produtividade e desconhecimento da real função social da magistratura.

Recentemente, um relatório de Leandro Despouy, da Comissão de Direitos Humanos da ONU para a independência de juízes e advogados, criticou a Justiça brasileira pela existência de vínculo entre juízes e os poderes políticos e econômicos locais; altos índices de impunidade; acesso limitado à população carente; morosidade crônica; uso abusivo de recursos protelatórios; escassa representação de mulheres afrodescendentes e indígenas; nepotismo; falta de transparência nos mecanismos que regulam o funcionamento do judiciário (concursos, promoções, nomeações); falta de prioridade na solução de crimes e delitos cometidos contra ambientalistas, trabalhadores rurais, mulheres, crianças e adolescentes, entre outras críticas.

Apesar de não constar qualquer novidade no relatório, pela primeira vez ousou-se expor, de forma autorizada e visceral, certas chagas que o próprio Judiciário teima em esconder da sociedade. Na realidade, elas apenas apontam aspectos que refletem uma sociedade desigual e discriminatória, já conhecida por tantos que militam ou buscam seu quinhão de justiça no Judiciário.

Apesar deste quadro, pesquisa de âmbito nacional realizada pela OAB mostrou que o Judiciário ainda é o Poder que mais goza de credibilidade entre os brasileiros. Talvez seja hora de ele próprio abrir os olhos para suas próprias falhas e carências, sem temer discuti-las e assumir posturas claras e firmes em face das mesmas. E, também, sem se fazer temer pelos críticos, em razão do próprio poder de decretar prisão. Afinal, por que não assumir que, a exemplo de outros profissionais, os juízes são falíveis, frágeis, influenciáveis e corruptíveis, e não necessariamente nesta ordem? E que, apesar disto, o Judiciário pode dar exemplos cortando a própria carne, de forma a ser merecedor de toda a credibilidade que lhe tem sido depositada pela sociedade brasileira. Nenhuma instituição humana, sujeita a erros e falhas, pode ser julgada por atos isolados.

Por que não alardear denúncias destemidas do relevo da do desembargador Celso Luiz Limongi, presidente da Associação Paulista dos Magistrados, de que é o Banco Mundial, instituição a serviço das grandes corporações transnacionais, que está patrocinando a reforma do Judiciário? "Quem está por trás do legislador, ou a quem o legislador está servindo? Se o juiz entender que a lei foi feita para proteger grupelhos que estão junto do poder, ele não tem nenhuma obrigação de cumprir essa lei."

Por que não se propalar denúncias da excessiva vinculação do Supremo Tribunal Federal ao poder hegemônico da hora? Vinculação que permite que interesses políticos sejam prevalentes em detrimento da guarda da Constituição Federal. Se cabe ao Judiciário administrar conflitos e fiscalizar o Executivo, jamais poderia ser conivente e parceiro de outros poderes.

Mais que nunca, faz-se necessário o cumprimento da função social do Judiciário, a qual exige exercícios de autocrítica e participação maior no contexto dialógico com os outros setores da sociedade. Mais que nunca, precisa o Judiciário dar mostras de maturidade e humildade, a não poder confundir isenção com indiferença, tolerância e prudência com pusilanimidade, autoritarismo com poder, consciência social com regalias de classe. Escolhas éticas urgem partilha e propagação no tecido social. Urgem afirmação e coragem, pois só assim a auto-estima e o mérito podem ser legitimados pelos jurisdicionados. Certamente, virtudes hão de aflorar e inibir forças escusas advindas de setores que teimam em macular e acuar um Poder cuja maior prerrogativa é a independência, garantia fundamental da cidadania.

E, para garantir a independência, os nossos juízes precisam não só saber que o seu poder é terrível, temível, enorme. Como bem observou o grande Calamandrei, "o Estado sabe que confia aos juízes um poder terrível que, mal empregado, pode fazer que a injustiça se torne justa, obrigar a majestade da lei a se fazer paladina do erro e imprimir indelevelmente na cândida inocência a mácula sanguínea que a tornará para sempre indistinta do delito".

Como os olhos da deusa Themis, aquela instalada no Palácio da Paz, em Haia, os nossos juízes precisam ter os seus bem abertos de forma a não permitir que lhes toldem os limites da liberdade profissional, da atuação imparcial, sem que isso importe indiferença em face das aflições de natureza econômica e social que abundam na nossa sociedade.

Correio Brasiliense, DF, 26/5/2005

CAPÍTULO 22

Traços autoritários

Nos últimos meses, estamos a assistir ao flerte do governo Lula da Silva com iniciativas típicas de regimes totalitários. Impossível não pensar no paradoxo existente entre tais iniciativas e o passado político da maioria dos dirigentes do governo forjado na luta contra a ditadura militar.

A primeira categoria a sofrer as queixas de "denuncismo" do presidente Lula foram os membros do Ministério Público. O apoio à "Lei da Mordaça", com as notórias pressões para restringir o poder de investigação dos promotores e procuradores federais, já ecoa entre os ministros do Supremo Tribunal Federal, e, até hoje, é incerto o seu desfecho.

Mais recente, ocasião em que estava a sofrer ácidas críticas da imprensa, o governo chegou a apoiar a Federação Nacional dos Jornalistas — FENAJ — no tão criticado projeto de criação do Conselho Federal de Jornalismo, o qual tem por objetivo principal "orientar, disciplinar e fiscalizar o exercício da profissão de jornalista e da atividade jornalística". Pelo projeto, viu-se claramente a real intenção do governo: controle sobre a atividade jornalística, o que incluiria o controle sobre as empresas jornalísticas. Lacunas do projeto foram dadas ao conhecimento do grande público, a ponto de se identificar o projeto de um Estatuto do Jornalismo com o modelo fascista de controle da liberdade de expressão.

A diretoria da FENAJ, quase que exclusivamente formada por petistas, talvez tenha esquecido que, em 1967, em pleno período de supressão de liberdades e aviltamento dos direitos e garantias individuais e sociais, o então presidente H. Castelo Branco sancionou a famigerada Lei de Imprensa, a qual, até hoje, regula a liberdade de manifestação do pensamento e de informações. Dois anos após, o Decreto-Lei 972 passou a dispor sobre o exercício da profissão de jornalista, completando um cinturão normativo, sem precedentes, de normas reguladoras do exercício de uma categoria profissional. Tanto o governo quanto a Federação dos jornalistas talvez tenham também esquecido da existência de uma proporção direta entre a liberdade de imprensa e o vigor dos governos democráticos, aspecto de crucial importância para toda a sociedade civil, e não apenas para jornalistas e as empresas de comunicação.

Agora, entre as louváveis ações empreendidas pelo Ministério da Justiça para desmontar a corrupção e o crime organizado, as quais se concentram em estratégias de combate à lavagem do dinheiro mediante a assinatura de acordos de cooperação jurídica internacionais e mecanismos de recuperação de ativos, pretende-se elaborar nova lei de lavagem de dinheiro. Nada demais, se o que se procura é apenas viabilizar a Lei 9.613/98 ("Lei de Lavagem de Dinheiro"), atualizá-la, haja vista ser essencial enfrentar com firmeza a lavagem de dinheiro, que sabidamente é a atividade fim de todo o crime organizado.

Mas, no bojo da nova lei, ainda em processo de elaboração, o governo parece agora voltar seus tentáculos controladores contra os advogados. Caso passe no Congresso, o novo comando tornará obrigatório a advogados informar às autoridades competentes as operações financeiras, imobiliárias ou empresariais suspeitas das quais participar, a pedido ou em nome de cliente.

A nova polêmica que se instaurou remete à questão ética do sigilo profissional, aspecto não só sagrado para os advogados, mas igualmente para boa parcela de outras categorias de profissionais liberais. O governo federal, principalmente através de servidores do Ministério da Justiça, tem alegado que não há qualquer pretensão de obrigar o advogado a revelar segredos profissionais, mas tão-somente que ele se obrigue às mesmas diligências das instituições financeiras.

Vozes conciliadoras têm ponderado que a lei precisa se ater a certas limitações, de modo a não interferir com o direito à ampla defesa e outros valores constitucionais. Assim, no seu exercício, a norma franquearia ao advogado a recusa de realização da operação suspeita, ou a informação ao cliente sobre a obrigatoriedade de informar à autoridade competente acerca da referida operação. Mas vozes insuspeitas têm se insurgido veementemente contra o que chamam de "viés ditatorial" e "fúria legiferante" do governo Lula. Para eles, a proposta fere de morte o sigilo profissional, e, por conseqüência, o direito à ampla defesa, cuja eficácia depende da atividade do advogado. Constitui-se a norma, portanto, em atentado, sim, contra os mais caros valores constitucionais.

O sigilo profissional, instituto já consolidado pelo Supremo Tribunal Federal, é elemento essencial da atividade advocatícia, como também o é da médica, da sacerdotal, da fonte jornalística, entre outras. No caso do advogado, o STF, há apenas um ano, em sede do Agravo Regimental n. 208 (RJ), decidiu que "é direito do advogado recusar-se a depor como testemunha em processo no qual funcionou ou deva funcionar ou sobre fato relacionado com pessoa de quem seja ou foi advogado, mesmo quando autorizado ou solicitado pelo constituinte, bem como fato que constitua sigilo profissional".

Na verdade, sem sigilo a advocacia quase que perde seu sentido, haja vista ser atividade considerada de alto nível de confiabilidade entre cliente e profissional. Tanta importância ao sigilo é consagrada não apenas na Carta Constitucional (art. 5º, inciso 133), mas também no Código de Ética da categoria (art. 26), o qual reforça a inviolabilidade profissional ao obrigar a guarda de sigilo pelo advogado em certas situações, até em depoimento judicial, sobre o que saiba em razão do ofício. Observe-se que o sigilo não é extensivo aos fatos que o profissional tenha acesso fora do âmbito do seu ofício. E aí, sim, nada impede que o advogado, ao ter conhecimento de certas atividades ou operações, possa, a exemplo de qualquer cidadão, levar suas suspeitas ao conhecimento das autoridades competentes para apurá-las.

O que parece saltar aos olhos de quem busca entender o novo projeto é que, ao procurar adequar a Lei de Lavagem de Dinheiro às exigências e recomendações do GAFI (grupo de países coordenadores do combate à lavagem de dinheiro), o governo simplesmente não consegue adaptá-lo à realidade das normas da advocacia brasileira. E, a persistir o texto, vislumbra-se a inocuidade da lei, bastando que o advogado, caso inquirido, informe que não tinha conhecimento dos fatos suspeitos alegados pelo Ministério Público. Ou, mais corretamente, balizando-se pelo princípio da inviolabilidade do segredo, diga que os conheceu em decorrência de relacionamento profissional.

A Ação Direta de Incotucionalidade se entremostra como uma das vias eleitas para se questionar mais esta medida denotativa de retrocesso de um governo que, embora tenha contribuído com ações inovadoras e corajosas, parece sofrer de graves crises de identidade, ocasiões em que namorica modelos esculpidos na dura e inflexível matéria do totalitarismo.

Revista Jurídica Consulex, 15/12/2004

CAPÍTULO 23

A "REFORMA"

Ao longo da nossa história política, temos assistido à prevalência da individualidade dos candidatos em detrimento dos partidos, e seus efeitos mais visíveis, a exemplo das arbitrárias migrações partidárias, da incessante criação e derrocada de partidos políticos e da manipulação dos princípios partidários, muitas vezes para acomodar interesses de cunho pessoal e eleitoral. Em suma, poderíamos bem qualificar nosso panorama político como modelo de insegurança em face da sua volubilidade, da desqualificação da representatividade outorgada pelo povo e da incompatibilidade com o preceito constitucional da elegibilidade, o qual exige a filiação partidária como condição absoluta.

Nos últimos anos, apesar das freqüentes transferências partidárias fisiológicas, verificadas, sobretudo, no início das legislaturas, muitas a título de barganha de benefícios individuais e a transformar a indecência em fato corriqueiro, as nossas maiores Casas legislativas fecharam os olhos, omitindo-se do enfrentamento de questão relevante à própria moralidade. Questão consentida pela capenga legislação dependente de uma reforma constitucional que transferiria a titularidade do mandato do parlamentar eleito para o partido político. Questão que exigiria, portanto, tipificação legal a ser expressa e devidamente inscrita no ordenamento jurídico. Lamentavelmente, não foi isto que aconteceu.

A tão esperada e morosa reforma política foi surpreendentemente iniciada pelo Judiciário, o qual, a título de "interpretação sistemática" do ordenamento, legislou acerca da fidelidade partidária, agora obrigatória para eleitos para cargos proporcionais e majoritários. Na esteira do vácuo legislativo, os argumentos dos nossos ministros: a "busca da concretude maior da nossa Constituição" e da segurança jurídica; a desqualificação ou renúncia tácita do mandato eletivo pelo abandono do partido; a necessidade de preservação do "elo inafastável" entre o candidato e o partido político; e uma contabilidade pretensamente a demonstrar que os votos ideológicos nos partidos prevalecem sobre os nominais nas escolhas dos eleitores, entre outros motivos.

Com a própria extensão da regra dos cargos proporcionais para os majoritários, alguns argumentos tecidos pelo TSE já se fragilizam ou se colidem, a exemplo do quociente eleitoral, imprestável, na prática, para as eleições majoritárias. Ademais, o surgimento de novas consultas em face da não elucidação de questões relacionadas e ainda pendentes, como a situação dos suplentes e dos eleitos em coligações, propicia um cenário óbvio e deplorável para nosso sistema político: a cristalização da legislação sobre reforma política pelo Judiciário, o qual certamente receberá aval para novas incursões na formulação de regras, caso o Legislativo permaneça na sua inércia.

Assim é, que, apesar da utilidade das decisões do STF e TSE diante do atual quadro de vulnerabilidade do sistema partidário, críticas à judicialização da reforma política têm surgido das mais variadas fontes. De fato, a imposição das novas regras de fidelidade partidária, além de criar insegurança jurídica em face da inversão da jurisprudência com efeito retroativo, induz suspeitas gratuitas de parcialidade no Judiciário e enseja embates entre os dois Poderes, a bastar o exemplo de ameaça de proposta de emenda constitucional casuística para anistiar os atuais infiéis. Sobretudo, tal injunção tem o condão de colocar a sociedade à margem de uma reforma política que já nasce com a marca da fragmentação e da ilegitimidade.

Maquiavel já dizia que não há coisa mais difícil, mais perigosa, nem de êxito mais duvidoso, do que o estabelecimento de novas leis. De fato, apesar de necessária, a nova regra terá como inimigos aqueles que se beneficiavam com a antiga, ao passo que será timidamente defendida pelos novos favorecidos. Em face de tal desequilíbrio, de tal fraqueza, periclita o poder daquele que legislou. Mormente, um poder que não detém legitimidade para legislar.

Diário de Natal, RN, 1º/11/2007

CAPÍTULO 24

A MÃE E O ECONOMISTA POLITICAMENTE INCORRETOS

Certa feita, fui consultado por uma doméstica que trabalhava na casa de uns parentes. Aos prantos, M. contou-me sua pungente história de mãe, cujo maior traço certamente era uma enorme culpa, sentimento inevitável que lhe transfixava a alma e se associava à conduta do seu único filho. Culpa que nem os rituais religiosos e seus penosos exercícios de contrição conseguiam elidir. Seu rebento, com 18 anos recém-completados, ingressou no sistema prisional após anos de desvios de conduta que motivaram internações provisórias e tentativas frustrantes de interromper uma escalada de delitos. M. lastimava as vidas ceifadas por S., por ocasião de uma disputa de gangues. Lamentava não ter conseguido formar uma família, arranjar um bom homem que pudesse servir de pai ou modelo masculino para S. Culpava-se pela própria pobreza de migrante rural que a encarcerara, e o seu filho, em meio hostil e degradante. Responsabilizava-se pela impossibilidade de acompanhar de perto o desenvolvimento de S., controlar suas notas, seus impulsos, seus amigos, suas saídas. Ao fim, culpava-se não só pela própria existência, mas por ter tido S.

Na época, chocou-me o paradoxo existencial da mãe culpada e da arrependida por haver permitido S. escapar à sanha de uma história de abortamentos. Achei que só uma grande dor poderia abrigar tamanho absurdo. Uma dor passível de toldar o raciocínio, a lógica, o bom senso, o juízo. Dor de mãe. No entanto, hoje tenho dúvidas se a lancinante dor de M. não teria o lastro racional de apenas uma aparente contradição. Estranhamente, o que me fez lembrar e refletir no paradoxal discurso de M. foi um estudo do economista Steven Levitt sobre a criminalidade. Afeito a temas inusitados que destroem velhos paradigmas e lançam uma nova luz a questões do nosso cotidiano, não é à toa que Levitt é atualmente considerado o mais controvertido e genial dos jovens economistas americanos, estrela do departamento de Economia da Universidade de Chicago. Atendo-se ao caso de M., Levitt muito provavelmente diria que sua conclusão paradoxal escapou dos ditames da sabedoria convencional ou do senso comum em função da dolorosa experiência a que foi exposta. Sim, pois segundo o seu mais controvertido estudo, a legalização do aborto nos EUA foi um dos maiores fatores responsáveis pela maciça queda da criminalidade a partir dos anos 1990 naquele país.

A sentença da Suprema Corte no processo Roe *versus* Wade (1973) sinalizou que as mulheres que não desejam ter filhos geralmente têm bons motivos que as fazem crer que são incapazes de oferecer um lar ajustado à criação de uma criança saudável. Tais motivos, que variam de ter um mau casamento, ser mãe solteira, dependente de drogas, pobre demais, infeliz demais, jovem demais ou pouco instruída, sugerem danos iminentes na saúde física e emocional dos envolvidos, afora o problema de "fazer nascer uma criança em uma família já incapaz, em termos psicológicos e outros, de cuidar dela".

Independentemente da posição que se assuma frente ao aborto, os estudos mostram que a infância pobre em lar de genitor solteiro está entre os mais fortes determinantes de um futuro criminoso, ao lado de outros fatores como a baixa instrução materna e o fato de ser filho de mãe adolescente. Tais aspectos se encaixam no perfil das mulheres americanas que mais se utilizaram da decisão do caso Roe *versus* Wade. Levitt demonstrou que no início dos anos 1990, quando a primeira geração de crianças nascidas após a legalização do aborto chegava à adolescência, sabidamente a fase em que os jovens do sexo masculino atingem o auge criminoso, o índice de criminalidade começou a despencar.

A polêmica em torno da legalização do aborto, entre nós delicadíssima e sujeita a mal-entendidos como o que recentemente envolveu o atual ministro da Saúde, há que considerar que o mundo real, objeto da economia e de outras ciências, apresenta-se muitas vezes independente do mundo ideal, pautado pela moralidade. Daí ser bastante difícil dissociar os próprios escrúpulos e a crença em dogmas de resultados de estudos científicos que colidem com a sabedoria convencional e nos escandalizam, mas que, nem por isso, devemos ignorá-los. É chocante constatar que M., com sua precária instrução e infelicidade abismal, intuitivamente soube, como Levitt e suas complexas correlações estatísticas, que "não é preciso, porém, ser contra o aborto, do ponto de vista moral ou religioso, para perder o prumo diante da noção de que um sofrimento pessoal possa ser convertido em satisfação coletiva".

Humanidade cruel — permite que a sociedade tire proveito do sofrimento de tantas mulheres que, não fosse a realidade de desigualdades e carências sociais, não interromperiam a gestação dos filhos. Valho-me da sabedoria de Sêneca: "Cometeu o crime quem dele recebeu benefícios."

Diário de Natal, RN, 17/5/2007

CAPÍTULO 25

O DIREITO NA ECONOMIA

A maioria dos que trabalham na máquina do Judiciário desconhece os efeitos da insegurança jurídica na economia do país. Desconhece que o Judiciário é um dos pilares das economias de mercado, pois a ele cabe garantir não apenas os direitos individuais, mas também os das empresas e do setor público. Os próprios juízes, na maioria, desconhecem o quanto suas decisões afetam a economia, das taxas de juros até os investimentos estrangeiros no país. A "justiça social", que na maioria das vezes orienta as decisões judiciais, freqüentemente é vista como diametralmente oposta a que segue a letra da lei inserta nas regras dos contratos. Contratos que têm sido quebrados, a gerar mais insegurança, desconfiança nos negócios e diminuição da competitividade econômica.

Segundo dados do IPEA, a insegurança jurídica é a responsável pela diminuição de assombrosos 20% na taxa anual de crescimento do Brasil. Para compensá-la, bancos se protegem embutindo o risco da insegurança nos seus negócios e nos juros cobrados à sociedade, em função dos obstáculos e alto custo envolvidos na recuperação de créditos. Para compensá-la, os particulares se protegem restringindo seus negócios a pessoas ou grupos conhecidos, ou mesmo criando mecanismos informais de validade duvidosa. Mas há também aqueles que usufruem a insegurança e a lentidão advindas do Judiciário, mediante o manejo de recursos para protelar decisões e rolar dívidas a baixíssimos juros. Neste último grupo, lamentavelmente encontram-se governos e outras instituições públicas.

Entre os vários meios exaustivamente propostos para tornar o Judiciário mais eficiente, estão a reforma de leis processuais, a regulamentação urgente da súmula vinculante, a aplicação de juros de mercado para corrigir os valores contidos nas decisões judiciais, e, segundo os economistas, a aplicação de um choque de gestão. Este envolveria a uniformização dos modelos de gestão utilizados pelos diversos tribunais, bem como sua informatização; a criação de tribunais especializados, inclusive em negócios (varas empresariais), e da figura do administrador judiciário, carreira muito valorizada na Austrália e nos Estados Unidos, essencial para que juízes não sejam transferidos para exercer funções administrativas para as quais não receberam qualquer formação.

É fato que a Secretaria de Reforma do Judiciário tem concorrido para implementar avanços, alguns contidos em projetos de lei relativos a modificações no Processo Civil, já aprovados pelo Congresso. Em 2007, espera-se que outros projetos, desta feita relativos à Justiça Trabalhista, sejam votados. No entanto, apesar dos esforços, faz-se necessária uma maior conscientização da importância do impacto do direito na economia, especialmente entre magistrados, os quais, indubitavelmente, terão de aumentar seus conhecimentos econômicos de forma a efetivamente contribuir para o crescimento do país.

Diário de Natal, RN, 7/2/2007

CAPÍTULO 26

O CANSAÇO DE TODOS NÓS

Esse mês de agosto, dedicado aos advogados no nosso calendário, permite inúmeras reflexões, especialmente nestes conturbados dias, quando movimentos recentes, os mais díspares, propalam pretender despertar nas pessoas a indignação, base dos mais veementes protestos. Na ponta da esteira, figura o controvertido "Movimento Cívico pelo Direito dos Brasileiros", popularizado como "Cansei", idealizado por empresários paulistas e liderado pela OAB-SP, a pedido daqueles, já que o movimento deveria ter caráter apartidário, segundo informou um dos seus fundadores, Paulo Zattolo, dirigente da Philips.

O Governo Lula, com sua habitual sensibilidade à oposição, numa já decantada projeção de sua baixa tolerância às críticas que se avolumam, rotulou o movimento de conspiratório e elitista, pois abriga pessoas ligadas a políticos do PSDB e à antiga direita. Defensores óbvios da esperada postura governamental já surgiram no palco da polêmica, a exemplo do movimento "Cansamos", liderado pela CUT. Nem precisava — a desenvoltura de críticas ácidas no seio da própria classe dos advogados tem inflamado a controvérsia. As mais propaladas têm origem na OAB-RJ, que defende o isolamento da sua congênere paulista e pretende, para tanto, obter o apoio dos outros Estados.

O temor é que a polêmica instituída com o "Cansei" se espraie por outros movimentos sociais existentes há mais tempo e compostos de pessoas, também há muito mais tempo, cansadas ou indignadas, e que extrapolam o simples, apesar de necessário, ato de protestar e criticar. Um deles, o "Agora, Basta!", criado pela OAB-RS, também defende a bandeira do apartidarismo, mas, em vez de se postar frontalmente contra o governo, busca soluções para os problemas que ora assolam o país.

Para os neófitos, um esclarecimento que analistas sérios e cientistas sociais têm prestado: tais movimentos recentíssimos, longe de pregarem idéias e projetos para combater problemas de magnitude nacional, simbolizam um confronto das nossas vorazes elites, ou seja, um embate pelo poder. Para que movimentos sociais de grande magnitude adquiram reconhecimento e alcem vôos mais duradouros, faz-se necessário o precoce engajamento de grupos sociais advindos de camadas representativas da maioria, de forma a legitimar os anseios e interesses da sociedade.

A propósito, convém lembrar que a política não apenas se refere à ação dos governantes e da coletividade diante do poder do Estado, mas também à maneira como uma instituição de classe define sua direção e seu modo de participação, entre outras responsabilidades acolhidas pela sua gestão. À apatia social, forma passiva e danosa de se fazer política, não se pode contrapor o simples e mero protesto, sem que com ele sejam agregados projetos e soluções.

Neste mês, mais que suporte a movimentos de protesto e defesa das grandes causas do cenário nacional, os advogados clamam ações efetivas, preventivas e restauradoras em face da ameaça ou violação das suas prerrogativas. Ações que se estendam ao símbolo vivo de toda uma classe que clama por mais e mais respeito, inclusive dos seus próprios pares.

Diário de Natal, RN, 8/8/2007

CAPÍTULO 27

OUTRAS MÁSCARAS

Não me recordo de um vocábulo que tenha causado tanta controvérsia em tempo de eleição quanto "maquiar". Para aqueles que dele abusaram, atribuindo-o a outrem, maquiar ou maquilar ou maquilhar nada mais é que verbo transitivo direto, a significar a inócua e singela aplicação de maquilagem em alguém. Ou a realização de meras modificações superficiais em algo para torná-lo mais agradável, atraente ao olhar dos demais. Para os que sofreram a qualificação, o transitivo direto abriga um sentido figurado como derivação. E aí, maquiar ou maquilar ou maquilhar passa a ser mascarar, alterar algo para encobrir uma realidade que se pretende ocultar.

A etimologia do vocábulo não é fácil. Dei-me ao trabalho, verdadeira diversão nestes tempos de disputas eleitorais. Tudo para esconjurar os excessos de recursos, a insatisfação de quem agrediu e mentiu, os comentários irônicos e até mesmo minha tendência a maquiar a própria impaciência. Pois a forma recente deste transitivo direto remonta a 1450, ao francês *maquiller*, de significado "trabalhar". Passou pelo teatro do século XVIII, já com o sentido de "pintar o rosto", proveniente do picardo antigo *maquier* (fazer), e, este, do holandês *maken id*, a resultar nos comparativos inglês e português.

Na busca do étimo da inoportuna palavra, ainda verifiquei que o vocábulo "máscara", proveniente do italiano *maschera* (1348-1353), a abrigar a acepção de "pessoa disfarçada", tem como base *masca*, do baixo-latim, com diversos significados ao longo dos séculos. O italiano *maschera* ainda é tido como derivado do árabe *mashara* ("bufão, ridículo"), que sofreu outras influências na Europa, mas que redundaram em muitos cognatos de língua portuguesa, como, por exemplo: máscara, mascaração, mascaramento e maquilhado/maquiado/maquilado.

Fácil, fácil se conclui que o vocábulo não é tão inocente assim... Maquiar, na sua raiz vocabular, afinal, remete a enganar, dissimular, ocultar, camuflar, cobrir-se com máscara, fraudar. Mas, para a grande maioria das pessoas, aquelas que como eu, que há bem pouco não tinha a menor noção acerca da origem da palavra "maquiar", é irrelevante conhecê-la para se deduzir seu significado, o qual, devidamente aplicado no sentido figurado, consiste em crime moral que destrói por uma palavra.

Adversários não se permitem a ingenuidade e a falta de argúcia nos embates da vida e da política, a não ser como parte de estratagemas. E estes, nos seus intentos de confundir, são tão mais inteligentes quanto menos subestimam os contendores. Aliás, um dos ditos mais populares do mordaz La Rochefoucauld assegura que é tão fácil enganar a si mesmo sem o perceber, quanto difícil enganar aos outros sem que o percebam. E se força e fraude são virtudes de guerra, não podem ser do jogo democrático, que pressupõe, antes de mais nada, respeito à verdade e às leis.

Diário de Natal, RN, 16/9/2006

CAPÍTULO 28

Consciência democrática

Em minha última leitura, deparei-me com um escrito pouco difundido de Norberto Bobbio, no qual o teórico reflete sobre a velhice e o significado da vida, acrescenta ensaios e fragmentos biográficos. A honestidade do auto-retrato e os relatos de circunstâncias do desenvolvimento do seu magistério intelectual constituem poderosa lanterna a alumiar não apenas a trajetória de vida do filósofo, mas os espíritos de quantos se debruçarem na leitura de *O tempo da memória: De Senectute e outros escritos autobiográficos*. Paixão avassaladora pela inteligência e estatura moral daquele homem contemplativo, que soube como poucos analisar os homens de ação, na práxis política, sobretudo aqueles que pensam ser possuidores do monopólio da verdade.

Numa busca incessante para reconstruir a própria identidade e desdramatizar a morte que se avizinhava com a entrada na "quarta idade", as lembranças e reflexões do Bobbio de 87 anos, eivadas de irônica modéstia e absoluta ausência de autocomiseração, encerram a sabedoria de quem viveu praticamente todo o sombrio século XX havendo se dedicado à análise de múltiplos temas, como aqueles referentes à política, à cultura, ao direito e às suas interseções. À luz da teoria política, suas argutas observações da realidade permitem perceber o realista e pessimista pensador, que, no entanto, não prescindiu dos seus ideais e tomadas de posição em face dos acontecimentos políticos que vivenciou.

Talvez o traço maior que norteou suas análises e a própria vida tenha sido o de mediador, no manejo lúcido e rigoroso das dicotomias, no diálogo sempre aberto às mais diversas facções, na tolerância e respeito aos pontos de vista dissonantes dos seus. Costumava dizer que era um homem da dúvida, e o fato de ser relativista não excluía a crença na própria verdade, ainda que deixasse de impô-la por respeito à verdade alheia — "Da observação da irredutibilidade das crenças últimas, extraí a maior lição de minha vida. Aprendi a respeitar as idéias alheias, a deter-me diante do segredo de cada consciência, a compreender antes de discutir, a discutir antes de condenar. E porque estou disposto para as confissões, faço mais uma ainda, talvez supérflua: detesto os fanáticos com todas as minhas forças."

Seus últimos escritos, na plenitude de uma frutífera e vigorosa quarta idade, com permissões ao seu universo interior, podem ser sintetizados na observação de Celso Lafer, um dos seus mais diletos discípulos, de que os resultados do pensamento, do caráter e do juízo só aumentaram com a idade.

O velho mestre se concedeu, até a última e nona década de sua vida, a coragem de esquadrinhar ou "escavar" a memória, a ousadia de se proclamar laico em um mundo destituído da dimensão da esperança e da falta de sentido de se levantar a questão do sentido da vida, pois que, ao custo de um grande esforço, percebeu que "a vida deve ser vivida no que tem de imediato, como faz a grande maioria dos homens".

Diário de Natal, RN, 31/7/2006

Este livro foi impresso nas oficinas da
DISTRIBUIDORA RECORD DE SERVIÇOS DE IMPRENSA S.A.
Rua Argentina, 171 – Rio de Janeiro, RJ
para a
EDITORA JOSÉ OLYMPIO LTDA.
em dezembro de 2008

*

77º aniversário desta Casa de livros, fundada em 29.11.1931